改革的伟力

新时代全面深化改革的实践与启示

本书编写组 编

新华出版社

图书在版编目（CIP）数据

改革的伟力：新时代全面深化改革的实践与启示 /
《改革的伟力：新时代全面深化改革的实践与启示》编写组编 .
北京：新华出版社，2024. 7
ISBN 978-7-5166-7486-4

Ⅰ . D61

中国国家版本馆 CIP 数据核字第 2024ZR4341 号

改革的伟力：新时代全面深化改革的实践与启示

编者：《改革的伟力：新时代全面深化改革的实践与启示》编写组

出版发行：新华出版社有限责任公司

（北京市石景山区京原路 8 号　邮编：100040）

印刷：三河市君旺印务有限公司

成品尺寸：170mm × 240mm　1/16　　**印张：**18.75　　**字数：**220 千字

版次：2024 年 7 月第 1 版　　**印次：**2024 年 7 月第 1 次印刷

书号：ISBN 978-7-5166-7486-4　　**定价：**48.00 元

目　录

CONTENTS

第三章 确保改革开放沿着正确方向前进

第四章 坚持以人民为中心推进改革

第五章　坚持在法治轨道上深化改革

第六章　增强改革系统性整体性协同性

第七章　统筹推进深层次改革和高水平开放

引　言

将改革开放进行到底

历史的书写，常常在变革中开启新篇章。

党的十一届三中全会以来，45 载砥砺奋进，改革开放大潮激荡神州，社会主义中国实现了从“赶上时代”到“引领时代”的伟大跨越。

党的十八届三中全会以来，10 年攻坚克难，我们党以巨大的政治勇气全面深化改革，许多领域实现历史性变革、系统性重塑、整体性重构，以前所未有的力度开创了改革开放新局面。

风雨沧桑，大道无垠。实践昭示我们，改革开放是当代中国发展进步的必由之路，是实现中国梦的必由之路。在强国建设、民族复兴的新征程上，将改革开放进行到底——这是时代的呼唤，是人民的心声，是党中央坚定不移的战略布局，是新时代中国共产党人的使命与担当。

一

经济体制改革不断完善，政治体制改革稳步推进，文化体制改革创新发展，社会体制改革全面推进，生态文明体制改革加快推进，党的建设制度改革扎实推进，纪律检查体制改革取得重要阶段性成果，国防和军队改革取得历史性突破……

时间是忠实的记录者。党的十八届三中全会吹响了全面深化改革的号角，开启了全面深化改革、系统整体设计推进改革的新时代。10年来，改革是全方位、深层次、根本性的，取得的成就是历史性、革命性、开创性的，各领域基础性制度框架基本建立，中国特色社会主义制度更加成熟更加定型，国家治理体系和治理能力现代化水平明显提高，在中国式现代化的宏阔进程中写下了浓墨重彩的篇章。

回望中，更能感悟“历史性变革”的真切含义。

以习近平同志为核心的党中央坚持目标引领，突出问题导向，敢于突进深水区，敢于啃硬骨头，敢于涉险滩，敢于面对新矛盾新挑战，冲破思想观念束缚，突破利益固化藩篱，坚决破除各方面体制机制弊端，开启了气势如虹、影响深远的伟大变革。

这是思想理论的深刻变革。以习近平同志为核心的党中央坚持以思想理论创新引领改革实践创新，以总结实践经验推动思想理论丰富和发展，从全面深化改革的总体目标、主攻方向、重点任务、价值取向、科学方法论、实践路径等方面提出一系列具有突破性、战略性、指导性的重要思想和重大论断，科学回答了在新时代为什么要全面深化改革、怎样全面深化改革等一系列重大理论和实践问题。

这是改革组织方式的深刻变革。党对全面深化改革的集中统一领导不断加强，以全局观念和系统思维谋划推进改革，从夯基垒台、立柱架梁到全面推进、积厚成势，再到加强系统集成、协同高效，蹄疾步稳、有力有序解决各领域各方面体制性障碍、机制性梗阻、政策性创新问题，方向目标清晰，战略部署明确，方法路径高效，实现了由局部探索、破冰突围到系统协调、全面深化的历史性转变。

这是国家制度和治理体系的深刻变革。全面深化改革把国家治理体系和治理能力建设摆到更加突出的位置，突出制度建设这条主线，筑牢根本制度、完善基本制度、创新重要制度，为推进国家治理体系和治理能力现代化打下了坚实基础。

回望中，更能真切领悟核心引领的卓绝力量。

2020 年 3 月，习近平总书记来到浙江宁波舟山港实地考察复工复产。“我感觉到，现在的形势已经很不一样了，大进大出的环境条件已经变化，必须根据新的形势提出引领发展的新思路。”回京后不久，习近平总书记便在中央财经委员会第七次会议上提出了“构建以国内大循环为主体、国内国际双循环相互促进的新发展格局”。之后出台的《中共中央　国务院关于加快建设全国统一大市场的意见》等改革举措，为推动构建新发展格局、建设高标准市场体系、构建高水平社会主义市场经济体制注入强劲动力。

这是习近平总书记谋划和推动新时代改革开放的一个生动缩影。把全面深化改革纳入“四个全面”战略布局，亲自主持召开 40 次中央全面深化改革领导小组会议和 30 次中央全面深化改革委员会会议，加强改革顶层设计；系统总结改革开放 40 多年来的宝贵经验，不断推进理论和实践创新，为改革注入强大思想和行动力量；深入各地各部门进行考察调研，察实情、听民声、谋良策；部署和推进一系列改革攻坚战，用改革的思路和办法解决了许多难题，办成了许多大事……

新时代以来，习近平总书记以马克思主义政治家、思想家、战略家的深刻洞察力、敏锐判断力、理论创造力，既挂帅又出征，亲力亲为抓改革，为新时代全面深化改革提供了根本遵循和科学指南，把中国特色社会主义改革理论和改革实践推进到新的广度和深度，推动全面深化改革取得重大突破，引领中国实现新的伟大社会变革。

实践充分证明，以习近平同志为核心的党中央的坚强领导，始终是全面深化改革的定海神针。新时代改革开放之所以取得辉煌成就，根本在于有习近平总书记作为党中央的核心、全党的核心领航掌舵，在于有习近平新时代中国特色社会主义思想科学指引。这是新征程上改革开放事业行稳致远的最大底气、根本保证。

二

“我们的现代化既是最难的，也是最伟大的。”习近平总书记的这番话发人深省。迄今为止，世界上实现工业化的国家不超过30个，人口总数不超过10亿。中国14亿多人口实现现代化将是人类发展史上前所未有的大事，将彻底改写现代化的世界版图。

唯其艰巨，所以伟大；唯其艰巨，更显荣光。党的二十大擘画了全面建成社会主义现代化强国、以中国式现代化全面推进中华民族伟大复兴的宏伟蓝图，阐明了前进道路上必须牢牢把握的五个重大原则，其中之一就是坚持深化改革开放。改革，始终是推进中国式现代化的根本动力。

改革是由问题倒逼而产生，又在不断解决问题中而深化。改革开放越往纵深发展，遇到的问题和矛盾、有待完成和新提出的任务越交织叠加、错综复杂。解决这些问题和矛盾，除了深化改革开放，别无他途。从这个意义上说，改革开放只有进行时，没有完成时。

只有坚定不移深化改革、扩大开放，我们才能牢牢把握历史主动，不断创造新的历史伟业。

在强国建设、民族复兴的新征程上，我国发展面临新的战略机遇、新的战略任务、新的战略阶段、新的战略要求、新的战略环境。推进中国式现代化是一项前无古人的开创性事业，还有许多未知领域，更加需要我们在实践中继续大胆探索、改革创新，让中国式现代化走得更实、行得更稳。

面对世界百年未有之大变局加速演进，更加需要通过深化改革开放解放和发展社会生产力、激发和增强社会活力，不断增强自身实力，更好促进世界和平与发展；破解经济社会发展的深层次问题和矛盾，更加需要通过改革补短板、强弱项，协同发力推动高质量发展；完善和发展中国特色社会主义制度，更加需要通过改革推进各方面创新，更好地把制度优势转化为国家治理效能；不断满足人民群众对美好生活的向往，更加需要通过改革解决好群众的急难愁盼问题，为创造高品质生活注入不竭动力……

出路在改革，希望在改革。实现新时代新征程的目标任务，要把全面深化改革作为推进中国式现代化的根本动力，作为稳大局、应变局、开新局的重要抓手，谱写新时代改革开放的新篇章。

三

改革最难的是刀刃向内的自我革命。

2018 年启动的党和国家机构改革，中央和国家机关层面涉及 180 多万人，涉及管理体制、机构设置、职责和人员调整的部门达 80 多个。其中，核减部级机构 21 个，核减班子正副职数 58 名；减少设置部长助理部门 9 个，减少职数 25 名……在全面深化改革的壮阔进程中，动奶酪、触动利益的改革比比皆是。正是因为我们党拿出自我革新的勇气和胸怀，真刀真枪抓改革，动真碰硬求实效，才攻克了一个个难关险隘，完成了一项项艰巨任务。

胜人者有力，自胜者强。放眼全世界，没有哪个国家和政党，能有这样的政治气魄和历史担当，敢于大刀阔斧、刀刃向内、自我革命；也没有哪个国家和政党，能在这么短时间内推动这么大范围、这么大规模、这么大力度的改革，这是中国特色社会主义制度的鲜明特征和显著优势。

办好中国的事情，关键在党。始终坚持和加强党的领导，坚持以伟大自我革命引领伟大社会革命，这是改革开放的成功密码，也是全面深化改革的制胜之道。

发展出题目，改革做文章。对新时代中国共产党人来说，做好新征程上全面深化改革的大文章，要强化问题意识，以重大问题为导向，抓住重大问题、关键问题进一步研究思考，找出答案；要加强调查研究，多到矛盾问题集中的地方和部门去，深入基层、走进群众，体察实情、解剖麻雀；要坚持科学方法论，处理好顶层设计和摸着石头过河、胆子要大与步子要稳、改革发展稳定等重大关系，更加注重改革的系统性、整体性、协同性；要抓住关键出实招，聚焦全面建设社会主义现代化国家中的重大问题谋划推进改革，用好深化改革的有利条件，努力在破除各方面体制机制弊端、调整深层次利益格局上不断取得新的突破。

“行之力则知愈进，知之深则行愈达。”把情况摸清、把问题找准、把对策提实，依靠改革创新应变局、育先机、开新局，把一个个“问题清单”变为“成果清单”，就一定能积小胜为大胜，不断以改革开放的新成效扎实推进中国式现代化。

四

“租金贵不贵？”隆冬时节，习近平总书记走进上海闵行区的出租房社区，同租户聊起了家常。“城市不仅要有高度，更要有温度。”总书记的一番话，道出了改革发展以人民为中心的鲜明价值导向。

从坚持精准扶贫精准脱贫基本方略、打赢脱贫攻坚战实现近1亿农村贫困人口脱贫，到建成世界上规模最大的教育体系、社会保障体系、医疗卫生体系；从深化司法体制改革有力维护公平正义，到颁布新中国首部民法典护航人民美好生活；从城镇新增就业年均超过1300万人，到保障性安居工程惠及1.4亿多群众……沉甸甸的成绩单，记录着全面深化改革造福人民的温暖步伐，生动诠释了“让人民生活幸福是‘国之大者’”。

治国有常，利民为本。10年来，全面深化改革坚持从解决群众最关心最直接最现实的利益问题切入，奔着问题去、盯着问题改，从老百姓的身边事改起，持续推进民生领域重大改革和制度建设，使群众真真切切感受到了改革带来的新变化。

人民是改革事业的主角，改革为了人民、依靠人民，改革成果由人民共享、由人民检验，这是改革事业生生不息、蓬勃发展的根本所在。新征程上，贯彻党的群众路线，尊重人民主体地位，真正把群众反映问题、意见的渠道畅通起来，把群众的意志和智慧凝聚起来，才能充分激发蕴藏在人民群众中的创造伟力，共同为改革想招，一起为改革发力。

习近平总书记指出，“老百姓关心什么、期盼什么，我们就要重视什么、关注什么，改革就要抓住什么、推进什么，通过改革给人民群众带来更多获得感”。新征程上，着力解决人民群众所需所急所盼，不断在幼有所育、学有所教、劳有所得、病有所医、老有所养、住有所居、弱有所扶上取得新进展，让改革发展成果更多更公平惠及全体人民，不断促进人的全面发展、全体人民共同富裕，才能以全面深化改革的新成效书写人民群众美好生活新篇章。

五

金秋时节的黄浦江畔，八方来宾汇聚“四叶草”。全球超过3400家企业参展，世界500强和行业龙头企业参展数量289家，“中国芯”“未来车”等超过400项新产品、新技术、新服务精彩亮相……一组数字标注出第六届中国国际进口博览会的开放新高度。

中国的发展离不开世界，世界的发展也需要中国。从提出“一带一路”倡议，到办好中国国际进口博览会、中国进出口商品交易会、中国国际服务贸易交易会等重大展会；从推动各国各方共享中国制度型开放机遇，到实施外商投资法及相关配套法规；从高质量建设自由贸易试验区，到加快建设海南自由贸易港……党的十八大以来，以习近平同志为核心的党中央准确把握经济全球化新趋势和我国对外开放新要求，作出深化改革扩大开放系列重大部署。这是中国基于发展需要作出的战略抉择，更是在以实际行动造福世界各国人民。

以开放促改革、促发展是我国现代化建设不断取得新成就的重要法宝。当前，世界之变、时代之变、历史之变正以前所未有的方式展开。世界经济复苏动力不足，不稳定、不确定、难预料因素增多，全球发展面临诸多挑战。面对世界百年未有之大变局，“筑墙设垒”“脱钩断链”是逆历史潮流之举，开放合作、互利共赢才是人间正道。中国坚定不移深化改革、扩大高水平开放，不断为全球发展注入正能量。中国拥抱世界的进程，也是世界走向中国的进程，更是合作共赢的过程。中国经济韧性强、潜力足、回旋余地广，长期向好的基本面没有变也不会变，更有信心、有能力实现长期稳定发展，不断以中国新发展为世界带来新动力、新机遇。

中国开放的大门不会关闭，只会越开越大。展望未来，随着中国式现代化不断推进，坚定不移改革开放的新时代中国，将为推动人类文明进步、推进世界现代化进程作出新的更大贡献。下一个“中国”，还是中国！

六

改革是一个国家、一个民族的生存发展之道。邓小平同志说过：“没有一点闯的精神，没有一点‘冒’的精神，没有一股气呀、劲呀，就走不出一条好路，走不出一条新路，就干不出新的事业。”习近平总书记强调：“只有敢于走别人没有走过的路，才能收获别样的风景。”在新征程上推进改革开放事业，必须大力弘扬改革开放精神，保持“闯”的劲头、激发“创”的智慧、砥砺“干”的作风，不断推动改革开放和中国式现代化建设向广度和深度进军。

在新征程上深化改革开放，必须解放思想、实事求是。一部中国改革开放史，就是一部党带领人民不断摆脱观念束缚、不懈创造求索的思想解放史。只有着眼解决新时代改革开放和社会主义现代化建设的实际问题，敢于说前人没有说过的新话，敢于干前人没有干过的事情，以满腔热忱对待一切新生事物，才能不断回答好中国之问、世界之问、人民之问、时代之问。只有坚持一切从实际出发，想问题、作决策都符合实际、接上地气，善于透过现象看本质，善于遵循规律解难题，才能让改革举措更加科学有效，有力推动事业发展。

在新征程上深化改革开放，必须敢闯敢试、勇于创新。改革已经进入深水区，险滩暗礁多，就得有那么一种“明知山有虎，偏向虎山行”的气魄。要正确处理“立”与“破”的关系，既要有“破”的胆识，敢于打破阻碍高质量发展的条条框框，突破利益固化藩篱；更要有“立”的作为，尊重人民首创精神，探索新思路新路径新方法，应对新挑战，解决新问题。让新时代的“弄潮儿”们搏风击浪、“拓荒牛”们抖擞雄风，凝聚最广大人民的智慧和力量，改革必将无坚不克、无往不胜。

在新征程上深化改革开放，必须真抓实干、务求实效。逢山开路、遇水架桥，抓铁有痕、踏石留印，改革开放事业就是这样一步一步走出来的、一砖一瓦建起来的。新征程是充满光荣和梦想的远征。坚定“路虽远，行则将至”的信念，保持“滴水可以穿石”的韧劲，既当改革的促进派，又当改革的实干家，以钉钉子精神稳扎稳打向前行，过了一山再登一峰，跨过一沟再越一壑，新时代改革开放事业定能行稳致远。

七

深圳，莲花山公园，邓小平同志铜像高高矗立，深情注视着脚下这片土地。不远处，习近平总书记亲手种下的一棵高山榕已是枝繁叶茂。

历史的画卷，在砥砺前行中一路铺展；时代的华章，在接续奋斗里不断书写。近日闭幕的中央经济工作会议强调，“必须坚持依靠改革开放增强发展内生动力”，部署深化重点领域改革、扩大高水平对外开放等重点工作，于辞旧迎新之际再次释放了改革不停顿、开放不止步的鲜明信号。

今天，沿着改革开放之路开拓进取，我国发展具备了更为坚实的物质基础、更为完善的制度保证、更为主动的精神力量，实现中华民族伟大复兴进入了不可逆转的历史进程，中国特色社会主义展现出蓬勃生机。历史已经并将继续证明，改革开放是决定当代中国前途命运的重要法宝，中国特色社会主义道路是指引中国发展繁荣的正确道路。

征途漫漫，惟有奋斗。破局开路，惟有改革。新征程上，在以习近平同志为核心的党中央坚强领导下，汇聚亿万人民的磅礴之力，将改革开放进行到底，我们一定能把中国发展进步的命运牢牢掌握在自己手中，奋力创造中国式现代化新辉煌！（新华社评论员）

扫码观看

《改革之志》

第一章

以巨大的政治勇气和智慧推进全面深化改革

以巨大的政治勇气和智慧推进全面深化改革

——新时代全面深化改革的实践与启示述评之一

党的二十届三中全会召开在即，全面深化改革将掀开新的篇章。

伟大实践，彰显大气魄大格局大担当。

11年前，党的十八届三中全会吹响了全面深化改革的号角，以习近平同志为核心的党中央以巨大的政治勇气和智慧推动许多领域实现历史性变革、系统性重塑、整体性重构，开创了改革开放新局面。

“改革开放的旗帜必须继续高高举起”

日照港，全自动化集装箱码头一派繁忙。这座改革开放后新建的港口，年货物吞吐量已跃居世界第七位。

2024年5月22日，习近平总书记在山东考察时来到这里，驻足码头岸边，远眺凝思。

大潮奔涌，改革又到了新的历史关头。

习近平总书记感慨系之：“我们应当坚定一种信念，中国的改革开放之路一定可以成功。”

这是着眼“关键一招”的不变初心——

广东深圳，改革开放的前沿阵地。仙湖植物园和莲花山公园，邓小平同志和习近平总书记分别种下的高山榕树遥遥相望。

2012 年 12 月，党的十八大后首次离京考察，习近平总书记来到广东，发出“将改革开放继续推向前进”的动员令。

习近平总书记深刻指出：“改革开放是决定当代中国命运的关键一招，也是决定实现‘两个一百年’奋斗目标、实现中华民族伟大复兴的关键一招。”

2023 年 2 月，习近平总书记在学习贯彻党的二十大精神研讨班开班式上发表重要讲话进一步指出，改革开放“也是决定中国式现代化成败的关键一招”。

“关键一招”连通历史、现在和未来。改革开放是一项长期的、艰巨的、繁重的事业，必须一代又一代人接力干下去。

伟大的历史主动精神，凸显强烈的责任担当。

习近平总书记强调，“我们在改革开放上决不能有丝毫动摇，改革开放的旗帜必须继续高高举起”。

这是“明知山有虎，偏向虎山行”的坚定决心——

40 多年前，安徽省凤阳县小岗村农民立下生死状，率先实行“大包干”，拉开了农村改革序幕。

2016 年 4 月，习近平总书记在安徽考察时来到当年农民签字的茅草屋，称赞小岗村的创举是我国改革开放的一声春雷，强调要好好记住这段历史。

改革开放经历了从起步之初的艰难探索，到击水中流的豪迈挺进，中国经济社会发展已过万重山岳，在国内外环境极为广泛而深刻的变化中，面临更加突出的矛盾和挑战。

习近平总书记作出“现在我国改革已经进入攻坚期和深水区”的重大判断，指出“容易的、皆大欢喜的改革已经完成了，好吃的肉都吃掉了，剩下的都是难啃的硬骨头”。

全面深化改革，所处的是愈进愈难、愈进愈险而又不进则退、非进不可的时候。

改革推进到今天，比认识更重要的是决心。

从党和国家机构改革到行政审批制度改革，从力克群团“机关化、行政化、贵族化、娱乐化”到实施行业协会商会与行政机关脱钩，从深化农村土地制度改革到户籍制度改革破冰前行，全面深化改革不断冲破陈旧思想观念的束缚，突破利益固化的藩篱。

“开弓没有回头箭，改革关头勇者胜”，当代中国共产党人有这样的胆识与魄力。

这是“久久为功，坚定不移将改革进行到底”的必胜信心——

今年全国两会期间，习近平总书记参加政协联组会，谈到生态环境建设时，回忆起10年前亚太经合组织第二十二次领导人非正式会议召开时北京的蓝天。

“那几天天气很好，当时有人问，这是‘APEC蓝’，能持久吗？我回答他们，这并不是短暂的蓝天，几年后它将是永久的蓝。”说起当年这个细节，总书记语气坚定。

持之以恒，必有回响。

党的十八大以来，建立中央生态环境保护督察制度，实施河长制、湖长制、林长制，进行生态环境损害责任追究……一系列生态文明体制改革举措持续发力，推动我国生态环境保护发生历史性、转折性、全局性变化。

一个山头一个山头地攻，一个难关一个难关地破。无论是国有企业改革、供给侧结构性改革有效推进，还是科技体制改革、医药卫生体制改革取得突破，全面深化改革始终保持一往无前、蹄疾步稳的姿态。

谋长远之势，行长久之策，积小胜为大胜。

习近平总书记郑重宣示：“中国改革开放必然成功，也一定能够成功！”

“改革再难也要向前推进”

2023 年 4 月 21 日，中南海，习近平总书记主持召开二十届中央全面深化改革委员会第一次会议。

会议全面回顾党的十八大以来全面深化改革的历史进程，深刻指出：“放眼全世界，没有哪个国家和政党，能有这样的政治气魄和历史担当，敢于大刀阔斧、刀刃向内、自我革命，也没有哪个国家和政党，能在这么短时间内推动这么大范围、这么大规模、这么大力度的改革,这是中国特色社会主义制度的鲜明特征和显著优势。”

“改革再难也要向前推进。”习近平总书记强调，要强化改革责任担当，看准了的事情，就要拿出政治勇气来，坚定不移干。

拿出政治勇气，确保改革坚持正确方向。

“使市场在资源配置中起决定性作用和更好发挥政府作用”——

党的十八届三中全会提出这一重大论断，对经济体制改革产生深远影响。

参与这次全会文件起草的一名成员回忆说，“没有习近平总书记下决心，很多重大改革是难以出来的”。

从担任党的十八届三中全会文件起草组组长，到担任中央全面深化改革领导小组组长、中央全面深化改革委员会主任，习近平总书记既挂帅又出征，把改革的总体设计、统筹协调、整体推进、督促落实紧紧抓在手中。

方向决定道路，道路决定命运。

“对看准了的改革，要下决心推进”“有些不能改的，再过多长时间也是不改”。全面深化改革是在中国特色社会主义道路上不断前进的改革，既不走封闭僵化的老路，也不走改旗易帜的邪路。

在以习近平同志为核心的党中央坚强领导下，党的十八届三中全会提出的改革目标任务总体如期完成。

拿出政治勇气，确保改革坚持问题导向。

2024 年 4 月 8 日，国家金融监管总局县域监管支局统一挂牌，标志着“四级垂管”架构正式建立，金融监管组织体系进一步完善，金融管理体制改革取得重要进展。

从组建国家监察委员会到组建中央社会工作部，从组建国家医疗保障局到组建国家数据局……党的十八大以来的党和国家机构改革，聚焦关键、切中要害，不搞模棱两可，下决心解决长期存在的突出矛盾和问题。

习近平总书记指出，改革是由问题倒逼而产生，又在不断解决问题中而深化。

直面党风廉政建设和反腐败斗争中遇到的问题，一体推进党的纪检体制改革、国家监察体制改革、纪检监察机构改革。

向“和平积弊”开刀，深化国防和军队改革，形成军委管总、战区主战、军种主建新格局，人民军队体制一新、结构一新、格局一新、面貌一新。

破解司法不公、司法公信力不高等问题，推进最高人民法院设立巡回法庭、以审判为中心的诉讼制度改革等司法体制改革，努力让人民群众在每一个司法案件中都感受到公平正义……

奔着问题去，既要加强顶层设计，也要摸着石头过河。

从自由贸易试验区先行先试，到支持建设共同富裕示范区，再到推广三明医改经验，一系列重大改革通过试点探索形成可复制经验，然后上升为制度性成果，最终大范围铺开。

拿出政治勇气，确保改革把牢价值取向。

重庆市民主村社区，曾是远近闻名的“老破小”，2022 年初启动更新改造项目后旧貌换新颜。

2024 年 4 月 22 日傍晚，正在重庆考察的习近平总书记走进小区，对居民说：“党中央很关心的一件事，就是把老旧小区改造好。”

几天后，财政部会同住房城乡建设部发布通知，通过竞争性选拔，确定部分基础条件好、积极性高、特色突出的城市开展典型示范，扎实有序推进城市更新行动，中央财政对示范城市给予定额补助。

为了人民而改革，改革才有意义。

习近平总书记明确要求，做到老百姓关心什么、期盼什么，改革就要抓住什么、推进什么。

不论是农村“厕所革命”、城市垃圾分类等民生小事，还是平安中国建设、食品安全监管等民生要事，都是改革大事。

户籍制度改革让1.4亿农业转移人口落户城镇，加快完善住房保障体系建设让1.4亿多群众喜圆安居梦……改革给人民群众带来更多获得感、幸福感、安全感。

“必须坚持正确的方法论”

全面深化改革是一场深刻而全面的社会变革，也是一项复杂的系统工程。

习近平总书记强调：“改革开放是前无古人的崭新事业，必须坚持正确的方法论，在不断实践探索中推进。”

进入新时代，以习近平同志为核心的党中央不断深化对改革规律的认识，形成了改革开放以来最丰富、最全面、最系统的改革方法论，保证了改革在攻坚克难中不断迈上新台阶、取得新胜利。

注重统筹推进，实现“点”与“面”的协调——

党的十八届三中全会通过的《中共中央关于全面深化改革若干重大问题的决定》，16个部分、60项具体任务、336项重大举措，堪称新中国成立以来最为全面系统的改革部署。

习近平总书记指出，全面深化改革，全面者，就是要统筹推进各领域改革。

以实施整合重组、混合所有制改革等助力深化国有企业改革，在打破户籍屏障、提升保障水平等基础上推进新型城镇化，科技体制改革涉及管理体制、人才评价和激励机制、成果转化机制等方方面面……

以经济体制改革作为全面深化改革的重点，以加快转变政府职能打开行政体制改革突破口，以放宽投资准入为抓手构建开放型经济新体制……

优先解决主要矛盾和矛盾的主要方面、用小切口解决大问题、以重点突破实现整体推进，全面深化改革更加注重系统性、整体性、协同性，避免碎片化，打出组合拳，做到前后呼应、相互配合、良性互动，形成更强大的合力。

强化制度保障，实现“变”与“稳”的平衡——

2024 年 4 月 23 日上午，重庆市数字化城市运行和治理中心，习近平总书记考察了重庆的“城市大脑”。重庆正在探索实现超大城市治理体系整体重构，让过去散落各处的数据聚合、赋能。

治理体系和治理能力现代化是中国式现代化的应有之义。全面深化改革，指向一个前所未有的宏伟目标——完善和发展中国特色社会主义制度，推进国家治理体系和治理能力现代化。

习近平总书记指出，“新时代改革开放具有许多新的内涵和特点，其中很重要的一点就是制度建设分量更重”“为党和国家事业发展提供一整套更完备、更稳定、更管用的制度体系”。

从党的十八届四中全会部署全面推进依法治国，到落实“凡属重大改革都要于法有据”，全面深化改革始终在法治轨道上运行，推动我国各领域基础性制度框架基本建立，中国特色社会主义制度更加成熟更加定型。

坚持一抓到底，实现“上”与“下”的合奏——

2024年5月23日，习近平总书记主持召开企业和专家座谈会，谈到下一步全面深化改革方式方法时指出：“改革要重谋划，更要重落实。”

早在2014年1月，中央全面深化改革领导小组第一次会议上，习近平总书记就强调，凡是议定的事要分头落实，不折不扣抓出成效。

在习近平总书记垂范引领下，全国上下构建起层层传导、环环相扣的改革责任体系，为全面深化改革各项任务如期完成提供了坚强保障。

改革大潮，浩浩荡荡，势不可当。

新征程上，以习近平同志为核心的党中央团结带领全国各族人民，继续高擎改革开放伟大旗帜，将改革开放进行到底，必将在进一步全面深化改革中创造全面推进中国式现代化的新辉煌。（新华社记者赵超）

以前所未有的力度开辟事业发展新天地

——习近平总书记带领全党全军全国各族人民全面深化改革扩大开放纪实

改革开放，当代中国最显著的特征、最壮丽的气象。

党的十八大以来，习近平总书记以伟大的历史主动精神、巨大的政治勇气、强烈的责任担当，掌舵领航、力担千钧，在新的历史关头作出全面深化改革的重大战略决策，带领全党全军全国各族人民以前所未有的力度开辟事业发展新天地。

这是具有划时代意义的重要法宝，更是一场关系党和国家前途命运和事业兴衰成败的伟大革命。

改革潮涌惊涛拍岸，神州大地日新月异，东方大国气象万千。

领航掌舵再扬帆——“将改革开放进行到底”

绿意盎然的深圳前海石公园，镌刻着“前海”二字的巨石赫然醒目，宛如高扬的风帆。

2012 年 12 月，上任伊始，习近平总书记首次赴地方考察，就前往改革开放“得风气之先”的广东，第一站来到前海。

当年，开山填海的炮声犹如滚滚春雷，震醒沉睡的深圳蛇口，“春天的故事”拉开序幕。

如今，一片泥泞滩涂上崛起的新一轮改革开放“桥头堡”——深圳前海，与蛇口仅仅一山之隔。

两座地标，两次见证。踏上新征程，新时代改革引领者胸有丘壑、眼存山河，擘画着中华民族的崭新前景。

正是在那次考察中，习近平总书记抚今追昔，指明“改革开放是决定当代中国命运的关键一招”，发出了新时代“改革不停顿、开放不止步”的动员令。

清醒的判断、果敢的抉择，源自对时代脉搏的准确把握。

彼时的中国，行至一个新的历史关头，面临一系列新的重大课题。

审视国内，历经数十年高速增长，“成长的烦恼”逐步浮出水面，人民对美好生活的需要呈现多样化多层次多方面特点，发展不平衡不充分问题越发凸显。

放眼全球，世界面临百年未有之大变局，新一轮科技和产业革命方兴未艾，贸易保护主义与“逆全球化”思潮抬头，走近世界舞台中央的中国面临更多挑战。

关键时刻，习近平总书记深刻把握我国发展新的历史方位、深邃洞察新的使命任务，将改革开放伟大旗帜高高举起：

回答“要不要改”的疑虑，阐明“没有改革开放，就没有中国的今天，也就没有中国的明天。改革开放中的矛盾只能用改革开放的办法来解决”。

针对“往哪儿改”的困惑，指出“在方向问题上，我们头脑必须十分清醒，不断推动社会主义制度自我完善和发展，坚定不移走中国特色社会主义道路”。

破解“怎么改”的难题，强调“胆子要大、步子要稳”“既勇于冲破思想观念的障碍，又勇于突破利益固化的藩篱”。

2013 年 11 月，全世界的目光聚焦中国，党的十八届三中全会在北京胜利召开。

会议审议通过了习近平总书记亲自主持起草的《中共中央关于全面深化改革若干重大问题的决定》，绘就全面深化改革的宏伟蓝图。

这份约 2 万字的决定中，16 个部分、60 项具体任务、336 项改革举措涵盖方方面面，全面深化改革的战略重点、优先顺序、主攻方向、工作机制、推进方式和时间表、路线图布局宏阔、清晰醒目。

消息甫一披露，外媒感叹：“自中国 1978 年改革开放之后，中共第一次做出范围如此之广、内容如此具体及有抱负的改革计划。”

1978 年党的十一届三中全会，开启了第一次划时代的改革，推动了经济社会持续快速发展，中国大踏步赶上了时代。

2013 年党的十八届三中全会，推动了又一次划时代的改革，开启了全面深化改革、系统整体设计推进改革的新时代。

以此为新起点，在习近平总书记领导下，气势如虹的全面深化改革扬帆起航。

这是高瞻远瞩的战略擘画——

2019 年 10 月 31 日下午，人民大会堂，党的十九届四中全会胜利闭幕。

锚定全面深化改革总目标，全会通过的《中共中央关于坚持和完善中国特色社会主义制度、推进国家治理体系和治理能力现代化若干重大问题的决定》，擘画了新时代推进国家制度和治理体系建设的宏伟蓝图。

小智治事，大智治制。

以坚持和完善中国特色社会主义制度、推进国家治理体系和治理能力现代化为主轴，突出制度建设这条主线，正是全面深化改革的鲜明特点。

党的十八届四中全会提出了 190 项对依法治国具有重要意义的改革举措，全面推进依法治国的决定与全面深化改革的决定，形成了“姊妹篇”。

党的十九大报告提出 158 项改革举措，直探“深水区最深处”、直面“最难啃硬骨头”。

党的十九届三中全会审议通过深化党和国家机构改革的决定和方案，改革开放以来最大规模的机构改革拉开帷幕。

党的二十届二中全会对继续深化党和国家机构改革作出重要部署……

习近平总书记从党和国家事业发展全局出发，把全面深化改革纳入“五位一体”总体布局和“四个全面”战略布局，对全面深化改革作出顶层设计，推动改革实现由局部探索、破冰突围到系统集成、全面深化的历史性转变。

这是坚毅笃行的责任担当——

2024 年 6 月 11 日下午，北京中南海。

习近平总书记主持召开二十届中央全面深化改革委员会第五次

会议。

会上，总书记同大家一道审议了《关于完善中国特色现代企业制度的意见》等多份改革方案。

党的十八大以来，像这样的会议，习近平总书记主持召开了72次。总书记认真审阅重大改革方案的每一稿，逐字逐句亲笔修改。

“犯其至难而图其至远。”

习近平总书记引用苏轼《思治论》中的这句话，道出了新时代改革者的心声：“向最难之处攻坚，追求最远大的目标。”

深知前路险峻，习近平总书记以“明知山有虎，偏向虎山行”的责任担当，亲自挂帅中央全面深化改革领导小组、中央全面深化改革委员会，把关掌舵、拍板决断，推动全面深化改革向纵深挺进。

出席深圳经济特区建立40周年庆祝大会、庆祝海南建省办经济特区30周年大会、浦东开发开放30周年庆祝大会，考察安徽小岗村、河北雄安新区……每逢重大节点，习近平总书记一次次奔赴改革地标、开放高地，重温改革历程、部署改革新举。

号召“将改革开放进行到底”，把集体学习课堂搬到中关村，带头起立向“改革先锋”鼓掌……每到关键时刻，习近平总书记一次次宣示改革开放决心、致敬改革开放精神，凝聚起气吞山河、攻坚克难的强大精神力量。

这是勇于突破的非凡魄力——

2020年初，受疫情影响，全球产业链供应链发生局部断裂。浙江宁波舟山港、宁波北仑大碶高端汽配模具园区……习近平总书记深入一线实地调研。

“我感觉到，现在的形势已经很不一样了，大进大出的环境条件已经变化，必须根据新的形势提出引领发展的新思路。”

2020 年 4 月，中央财经委员会第七次会议上，构建新发展格局的重大论断首次提出。

构建新发展格局是发展问题，但本质上是改革问题。扫除阻碍国内大循环和国内国际双循环畅通的制度、观念和利益羁绊，习近平总书记创造性提出这一重大理论，明确了我国经济现代化的路径选择，将发展主动权牢牢掌握在自己手中。

从提出“新常态”、供给侧结构性改革，到阐释新发展阶段、新发展理念、新发展格局，再到提出发展新质生产力……习近平总书记把握改革脉搏、洞察发展规律，提出一系列具有突破性、战略性、指导性的重大理论，中国发展“怎么看”和“怎么办”的思路愈加清晰。

在理论上创新、在实践中突破，习近平总书记带领全党全军全国各族人民以排除万难、一往无前的魄力，将全面深化改革进行到底。

征途越是壮阔、任务越是艰巨，越需要思想的灯塔引航。

习近平强军思想、习近平经济思想、习近平生态文明思想、习近平外交思想、习近平法治思想、习近平文化思想相继确立，以原创性理论贡献、严密性科学体系、标志性思想观点、引领性行动价值，标注了中国共产党理论创新的新高度，为新时代伟大变革提供有力指引。

在领导推动全面深化改革的伟大历程中，习近平总书记以马克思主义政治家、思想家、战略家的深刻洞察力、敏锐判断力、理论创造力，不断总结升华实践经验推动思想理论丰富和发展：

创造性提出全面深化改革的历史定位和重大意义，强调改革开放是党和人民事业大踏步赶上时代的重要法宝。

创造性提出全面深化改革的正确道路，强调要坚持中国共产党的领导和社会主义制度不能动摇，既不走封闭僵化的老路，也不走改旗易帜的邪路。

创造性提出全面深化改革的总目标，强调各项改革都要朝着完善和发展中国特色社会主义制度、推进国家治理体系和治理能力现代化的总目标聚焦发力。

创造性提出全面深化改革的价值取向，强调改革要以促进社会公平正义、增进人民福祉为出发点和落脚点。

创造性提出全面深化改革的主攻方向和路线图，深刻回答了各领域改革中具有方向性、全局性、战略性的重大问题。

创造性提出全面深化改革的科学方法和有效路径，形成改革开放以来最丰富、最全面、最系统的改革方法论……

这些重要理论，蕴含着非凡的政治勇气、深厚的人民情怀、深邃的历史眼光、科学的辩证思维，既是改革实践的重要经验总结，也是改革理论的重大创新，把中国特色社会主义改革理论和改革实践推向新的广度和深度。

纵横正有凌云笔——“改革有破有立，得其法则事半功倍”

泉城济南，南郊宾馆草木蓊郁。2024 年 5 月 23 日，一场关于改革的企业和专家座谈会在这里召开。

正值党的二十届三中全会将要召开、新征程上全面深化改革再起步之时，习近平总书记在会上谈起改革之“法”：“改革有破有立，得其法则事半功倍。”

人们清晰记得，早在2012年12月底，向世界宣示“将改革开放继续推向前进”后不到一个月，习近平总书记就在十八届中央政治局第二次集体学习时鲜明指出：“改革开放是前无古人的崭新事业，必须坚持正确的方法论。”

思路决定出路，方法关乎成效。

在波澜壮阔的全面深化改革伟大实践中，习近平总书记深刻把握改革规律，深入开展调查研究，运用马克思主义立场观点方法解决实际问题，引领全面深化改革不断迈上新台阶、取得新胜利。

着眼“一盘棋”，坚持系统集成，不断增强改革的系统性、整体性、协同性——

2021年3月5日下午，正值惊蛰，万物萌发。全国两会期间，习近平总书记来到他所在的内蒙古代表团参加审议。

“统筹山水林田湖草沙系统治理，这里要加一个‘沙’字。”谈到生态环境治理，总书记郑重指出。

一个“沙”字，意味深长。面对关乎民族永续发展的生态环境治理，必须以系统观念统筹推进。

治理如此，改革亦如此。

《生态文明体制改革总体方案》架起生态文明体制“四梁八柱”，组建权责清晰的自然资源部、生态环境部，建立并实施中央生态环境保护督察、河湖长制等制度……一系列生态文明体制改革加强系统谋划，准确把握改革的相互关系和耦合作用，推动中华大地天更蓝、地更绿、水更清。

全面深化改革，新在全面，难在深化。

全面，意味着零敲碎打调整不行，碎片化修补也不行，“必须是全面的系统的改革和改进，是各领域改革和改进的联动和集成”。

深化，意味着蜻蜓点水不行，浮于表面不行，必须“敢于啃硬骨头，敢于涉险滩”。

建立适应新时代要求的党和国家机构职能体系，党的十九届三中全会通过的深化党和国家机构改革方案仅中央和国家机关层面就涉及 80 多个部门，解决了 60 多项长期存在的部门职责交叉、关系不顺事项，推动党和国家组织结构和管理体制实现系统性、整体性重构。

围绕做强做优做大国有资本和国有企业，国资国企改革不断向纵深挺进，改革综合成效显著提升，国有经济布局优化和结构调整加快，国有经济功能作用进一步发挥。

着眼担负起新的文化使命，加强党对宣传思想文化工作的全面领导，建设具有强大凝聚力和引领力的社会主义意识形态，积极推进文物保护利用和文化遗产保护传承，推动中华文化焕发新的时代光彩……

在以习近平同志为核心的党中央坚强领导下，各领域改革更加注重一体构思、统筹谋划，更加注重改革配套、串点成线，一系列改革“组合拳”集中推出，推动在目标取向上相互配合、实施过程中相互促进、改革成效上相得益彰。

牵牢“牛鼻子”，坚持问题导向，确保奔着问题去、对着问题改——

2018 年 3 月，北京平安里西大街。随着红绸飘下，一个具有创制意义的国家反腐败工作机构——“中华人民共和国国家监察委员会”挂牌成立。

几天后，贵州省人民政府原副省长王晓光落马。在中央纪委国家监委的通报措辞中，以往的“接受组织审查”首次变更为“接受纪律审查和监察调查”。

字词之变背后，是反腐败领域体制机制的重大变革。

彼时，我国反腐败斗争形成压倒性态势，但斗争形势依然严峻复杂。我国监察体制机制与现实工作需求相比，存在监察范围过窄、反腐败力量分散等不适应问题。

问题所指，改革所向。

2016 年 1 月，十八届中央纪委六次全会，习近平总书记明确要求：“要整合监察力量，健全国家监察组织架构。”

经过地方试点，国家监察委员会整合监察部、国家预防腐败局、最高检查处贪污贿赂等相关职责，成为党统一领导下的国家反腐败工作机构，实现对行使公权力的公职人员监察全覆盖。

改革由问题倒逼而产生，又在不断解决问题中深化。全面深化改革，本质上就是一个不断解决问题的过程。

剑指“和平积弊”，国防和军队建设改革将能打胜仗作为改革的逻辑起点和核心指向，人民军队体制一新、结构一新、格局一新、面貌一新；

拒绝以“帽”取人，深化项目评审、人才评价、机构评估改革，让各方面人才各得其所、尽展其长；

应对“三农”难题，提出农村土地“三权分置”改革思路，加快构建新型农业经营体系，改革的春风再次吹绿希望的田野……

守护“国之本”，坚持法治思维，推动全面深化改革在法治的轨道上行稳致远——

“通过！”

2014 年 10 月 23 日，党的十八届三中全会召开后第二年，庄严的人民大会堂再次见证历史性时刻。

如潮的掌声中，党的十八届四中全会通过了《中共中央关于全面推进依法治国若干重大问题的决定》。

第一次专门研究法治建设的中央全会、第一个关于加强法治建设的专门决定，由此定格在党的光辉历史上。

“党的十八届三中全会对全面深化改革作出了顶层设计，实现这个奋斗目标，落实这个顶层设计，需要从法治上提供可靠保障。”习近平总书记的一番话，道出两次全会接续聚焦改革和法治两大主题的深意。

改革，意味着除旧与布新；法治，意味着秩序与稳定。如何处理改革与法治的关系，是衡量国家治理体系和治理能力现代化水平的重要标志。

习近平总书记明确要求：“在整个改革过程中，都要高度重视运用法治思维和法治方式，发挥法治的引领和推动作用，加强对相关立法工作的协调，确保在法治轨道上推进改革。”

全国人大常委会多次授权国务院积极稳妥推进农村土地制度改

革试点，海南自由贸易港法以法治护航自贸港建设，将外商投资管理改革成果以法律形式固定下来……

舟楫相配，得水而行。在习近平总书记引领推动下，全面深化改革与全面依法治国齐头并进，二者如鸟之两翼、车之两轮，法治体系在深化改革中不断健全，改革步伐在法治保障下更加坚实。

走好“开放路”，坚持以开放促改革，始终将扩大开放作为深化改革的重要动力——

南海之滨，椰风阵阵，浪激潮涌，千帆竞发。

“党中央决定支持海南全岛建设自由贸易试验区，支持海南逐步探索、稳步推进中国特色自由贸易港建设，分步骤、分阶段建立自由贸易港政策和制度体系。”2018 年 4 月，在庆祝海南建省办经济特区 30 周年大会上，习近平总书记郑重宣布。

而立之年的海南，由此成为“寓改革于开放之中”的新标杆。

开放与改革从来都是相伴而生、相互促进。习近平总书记深刻指出，“以开放促改革、促发展，是我国发展不断取得新成就的重要法宝”，反复强调“开放带来进步，封闭必然落后”。

大开放倒逼大改革，大改革促进大发展。

全国 22 个自贸试验区在开放“红利”持续滋养下，产业链不断延长，产业竞争力明显上升。

进博会、服贸会、广交会、消博会等经贸盛会喜迎四海宾朋，“窗口效应”“溢出效应”持续迸发。

广东深圳、上海浦东新区等改革开放前沿阵地不断开拓创新，以高水平开放育新机、增优势……

在以习近平同志为核心的党中央引领下，我国坚持推进高水平对外开放，稳步扩大规则、规制、管理、标准等制度型开放，建设更高水平开放型经济新体制，为中国打开更大发展空间，为世界提供全新发展机遇。

坚持守正创新，既保持定力，守正不动摇，又大胆探索，创新不停步。

坚持稳中求进，确保方向一定要准，行驶一定要稳，尤其是不能犯颠覆性错误。

坚持讲求实效，以雷厉风行、见底见效的态度解决改革中的问题。

坚持发扬首创精神，有效激发地方和基层、企业改革动力……

习近平总书记既部署“过河”的任务，又指导解决“桥或船”的问题，推动全面深化改革实现思想理论的深刻变革、改革组织方式的深刻变革、国家制度和治理体系的深刻变革、人民广泛参与的深刻变革，开创了以改革开放推动党和国家各项事业取得历史性成就、发生历史性变革的新局面。

无边光景一时新——“我们推动的改革是全方位、深层次、根本性的，取得的成就是历史性、革命性、开创性的”

2023 年 4 月 21 日，北京中南海，习近平总书记主持召开二十届中央全面深化改革委员会第一次会议。

会议全面回顾了党的十八大以来全面深化改革历史进程，力透纸背的总结令人心潮澎湃：

“党的十八大以来，我们以巨大的政治勇气全面深化改革，坚持目标引领，突出问题导向，敢于突进深水区，敢于啃硬骨头，敢于涉险滩，敢于面对新矛盾新挑战，坚决破除各方面体制机制弊端，以前所未有的力度打开了崭新局面。新时代10年，我们推动的改革是全方位、深层次、根本性的，取得的成就是历史性、革命性、开创性的。”

山河为证，岁月为名。

放眼全世界，没有哪个国家和政党，能有这样的政治气魄和历史担当，敢于大刀阔斧、刀刃向内、自我革命；没有哪个国家和政党，能在这么短时间内推动这么大范围、这么大规模、这么大力度的改革；也没有哪个国家和政党，能在改革进程中取得这样的历史性变革、系统性重塑、整体性重构。

一路风雷激荡，一路凯歌嘹亮。习近平总书记带领全党全军全国各族人民将全面深化改革作为应对变局、开拓新局的重要抓手，在危机中育先机、于变局中开新局、从优势中积胜势，为经济社会发展注入强大生机活力。

改革潮涌，为高质量发展蓄势赋能——

产销量同比增长均超30%！刚出炉的新能源汽车2024年前5月成绩单，进一步彰显了我国在这一新兴产业的领先优势。

“发展新能源汽车是我国从汽车大国迈向汽车强国的必由之路。”早在2014年，习近平总书记就把握历史大势、作出深刻论断。

面对新能源汽车产业起步之初面临的实际困难，持续优化市场环境“放水养鱼”，取消外资股比限制倒逼竞争……一系列改革举措不断打开结构调整、产业升级新局面。我国新能源汽车产销量连续 9 年全球第一，成功实现“弯道超车”。

历史前进的逻辑，就是解放和发展生产力，让中华民族一路走向复兴。当外部环境复杂严峻、内部压力挑战重重，如何进一步解放和发展社会生产力，为加快构建新发展格局、推动高质量发展提供不竭动力?

习近平总书记精辟阐明改革与发展的辩证关系：“紧扣贯彻新发展理念、推进高质量发展、构建新发展格局，紧盯解决突出问题，提高改革的战略性、前瞻性、针对性，使改革更好对接发展所需、基层所盼、民心所向，推动改革和发展深度融合、高效联动。”

改革“一子落”，发展“满盘活”。

加快完善社会主义市场经济体制，有效激发市场活力。截至 2023 年底，全国登记在册经营主体达 1.84 亿户，其中民营企业超 5300 万户，分别比 2012 年增长了 2.3 倍和 3.9 倍。

深入实施创新驱动发展战略，持续增强创新动力。2023 年，全社会研发经费投入从 2012 年的 1.03 万亿元增长到 3.3 万亿元，与国内生产总值之比达 2.64%，超过欧盟国家平均水平。

坚定不移扩大开放，充分释放发展潜力。与 29 个国家和地区签署了 22 个自贸协定，深入实施自贸试验区提升战略，推动共建“一带一路”高质量发展，连续 7 年保持货物贸易第一大国地位，吸引外资和对外投资均居世界前列。

改革潮涌，人民群众拥有更多获得感、幸福感、安全感——

“得糖尿病头几年，每到年底，医保账户就没钱了。现在到年底，账户里还能剩下不少钱呢。”打开“闽政通”，福建省三明市沙县区中学教师翁华医保账户里还有不少余额。

2021 年 3 月 23 日上午，翁华在医院门诊大厅遇到了正在考察的习近平总书记。总书记亲切询问了他的病情，并嘱咐他注意健康，保重身体。

从“入不敷出”到“年年有余”，医保账户的变化，源于持续深化的医药卫生体制改革。

从健全基本医疗保障制度到完善医疗卫生服务体系，一系列改革举措剑指看病难、看病贵。截至 2023 年底，全国基本医疗保险参保人数约 13.34 亿人，已开展的九批国家药品集采中选药品平均降价超过 50%。

改革千头万绪，归根到底就是一个“人”字。

习近平总书记鲜明指出，“老百姓关心什么、期盼什么，我们就要重视什么、关注什么，改革就要抓住什么、推进什么，通过改革给人民群众带来更多获得感”。

收入分配制度改革持续深化，建成世界上规模最大的教育体系、社会保障体系、医疗卫生体系，户籍制度改革打破横亘在城乡之间的户籍二元化壁垒，个人所得税改革惠及 2.5 亿人，编纂新中国第一部以法典命名的法律民法典，推进农村“厕所革命”，探索城市垃圾分类……

十多年闯关夺隘，2000 多个改革方案涉及衣、食、住、行等各个环节，覆盖政治、经济、文化、社会、生态等各个领域。沉甸甸的成绩单，记录全面深化改革造福人民的温暖步伐，生动诠释“让人民生活幸福是‘国之大者’”。

改革潮涌，中国特色社会主义制度优势不断转化为治理效能——

沿着草厂四条胡同走向深处，叩开一扇深红色木质大门，就来到了北京市东城区的“小院议事厅”。

小到院子里的晾衣空间如何设置，大到“煤改电”、厕所改造，只要是关系街坊邻居生活的，大家都来到“小院议事厅”，充分沟通，集思广益。

2019 年春节前夕，习近平总书记来到这里同正在议事的居民亲切交谈：“设立‘小院议事厅’，‘居民的事居民议，居民的事居民定’，有利于增强社区居民的归属感和主人翁意识，提高社区治理和服务的精准化、精细化水平。”

民事民提、民事民议、民事民决、民事民办、民事民评。“烟火深处”的基层民主，是健全共建共治共享的社会治理制度的生动写照。

立治有体，施治有序。

党的十八大以来，全面深化改革突出制度建设这条主线，坚决破除一切妨碍科学发展的思想观念和体制机制弊端，着力构建系统完备、科学规范、运行有效的制度体系。

经济体制改革牢牢抓住处理好政府和市场关系这个核心问题，全面发力、多点突破，社会主义市场经济体制不断完善。

民主法治改革迈出重大步伐，发展全过程人民民主，不断推进社会主义民主政治制度化、规范化、程序化，中国特色社会主义法治体系日益完善。

文化体制改革深入推进，牢牢把握社会主义先进文化前进方向，推动中华优秀传统文化创造性转化、创新性发展，不断铸就中华文化新辉煌。

民生保障制度基础不断巩固，持续推进幼有所育、学有所教、劳有所得、病有所医、老有所养、住有所居、弱有所扶取得新进展。

生态文明制度体系基本建立，坚持源头严防、过程严管、后果严惩，绿色发展成为美丽中国建设的鲜明底色。

党的建设制度和纪检监察体制改革取得历史性突破，党的领导落实到国家治理各领域各方面各环节，全面从严治党体系日益健全，党的执政根基不断巩固。

国防和军队改革开创新局面，重塑重构军队领导指挥体制、现代军事力量体系、军事政策制度，为强军事业注入强大动力。

健全党对外事工作领导体制机制，加强对外工作顶层设计，对中国特色大国外交作出战略谋划，推动建设新型国际关系，推动构建人类命运共同体……

一项项前所未有的改革举措，推动中国特色社会主义制度更加成熟更加定型，国家治理体系和治理能力现代化水平不断提高，党和国家事业焕发出新的生机活力，中华民族伟大复兴进入不可逆转的历史进程。

唯改革者进，唯创新者强，唯改革创新者胜。

面对经济全球化遭遇逆流，及时作出稳经济一揽子部署，充分调动各方积极性，有效激发经济韧性与潜力，我们稳住了。

面对突如其来的世纪疫情，充分发挥社会主义制度优势，统一指挥、全面部署、立体防控，我们顶住了。

面对消除绝对贫困的世界难题，尽锐出战、攻坚克难，打赢人类历史上规模最大的脱贫攻坚战，全面建成小康社会，我们胜利了！

新时代新征程，我们坚定不移全面深化改革，善于运用制度力量有效应对各种风险挑战，促进制度建设和治理效能更好转化融合，中国式现代化展现出更加光明的前景。

夏日，山东日照港。一字排开的万吨货轮，展现出港通四海的宏大气魄。

“最年轻”的5亿吨级港口、全球首个顺岸开放式全自动化集装箱码头、年货物吞吐量居世界第七位……正是改革开放的伟大力量，让这座港口从寂寂无名到挺立潮头。

习近平总书记感慨系之：“从中，我们应当坚定一种信念，中国的改革开放之路一定可以成功。”

凭海临风，海天壮阔。

听，新时代改革开放大潮滂滂，从历史深处奔涌而来，向着民族复兴澎湃而去……（新华社记者林晖、张辛欣、高蕾、王子铭）

以进一步全面深化改革开辟中国式现代化广阔前景

——写在党的二十届三中全会召开之际

在中华民族伟大复兴的历史长卷中，改革开放是具有深远意义的伟大事件。

40 多年前，中国共产党作出改革开放的关键抉择。

进入新时代，以习近平同志为核心的党中央以巨大的政治勇气和智慧推进全面深化改革，开创中国特色社会主义事业崭新局面。

如今，在全面建设社会主义现代化国家的新征程上，又将矗立起新的里程碑——党的二十届三中全会将于 2024 年 7 月 15 日至 18 日在北京召开，对进一步全面深化改革、推进中国式现代化作出战略部署。

历史，必将在新的伟大变革中迸发出更加澎湃的力量。

九万里风鹏正举——党的十八大以来，以习近平同志为核心的党中央掌舵领航，以伟大的历史主动精神、巨大的政治勇气和智慧，掀起全面深化改革的春江大潮

珠江入海口，是为伶仃洋，潮起潮落，风起云涌。

2024年6月30日，全长约24公里的超级工程——深中通道正式通车，跨越伶仃洋、连接东西岸，为当今世界最大湾区之一的粤港澳大湾区注入发展新动力。

放眼珠江两岸，正是在这里，炸响了改革开放的“开山第一炮”，吹响了新时代改革再出发的嘹亮号角。

2012年12月，就任中共中央总书记20多天的习近平首次出京考察，便前往深圳、珠海、佛山、广州，到在我国改革开放中得风气之先的地方，现场回顾我国改革开放的历史进程。一个宣示振聋发聩：“改革不停顿、开放不止步。”

4个月后，中共中央政治局作出历史性决策——党的十八届三中全会将研究全面深化改革问题并作出决定。习近平总书记亲自担任全会文件起草组组长。

历经200个日日夜夜，在文件起草组上报的每一稿上，习近平总书记都逐字逐句审阅，倾注了大量心血，高瞻远瞩提出全面深化改革的总目标，提出市场在资源配置中起“决定性作用”等重大论断。总书记旗帜鲜明表示“如果做了一个不痛不痒的决定，那还不如不做”。

2013年11月，党的十八届三中全会通过了《中共中央关于全面深化改革若干重大问题的决定》，以2万多字的篇幅，一揽子推出15个领域、336项改革举措。

这份改革开放以来历次三中全会中篇幅最长的决定文件，将改革全面扩展深化至经济、政治、文化、社会、生态文明、党的建设、国防和军队等各个领域，绘就了有史以来最全面最系统最深入的改革蓝图。

越是恢宏的改革蓝图，越需要改革者的勇毅与担当。

“攻坚期和深水区”——这是新时代改革所处的时代背景和现实条件。习近平总书记形容，“好吃的肉都吃掉了，剩下的都是难啃的硬骨头”，必须“敢于啃硬骨头，敢于涉险滩”。

为了带领全党全国各族人民攻坚克难，习近平总书记既举旗定向又细致指导，既领衔挂帅又作战出征。

党的十八届三中全会决定，在党中央首次设置专司改革工作的领导机构。从中央深改领导小组到中央深改委，习近平总书记亲自主持召开72次会议，研究审议每一项重要改革方案，提出重大改革议题、部署重大改革任务，关键环节亲自协调、落实情况亲自督察。

2018年，一场“全面深化改革的战略性战役”——深化党和国家机构改革拉开大幕。

这是党的历史上首次统筹进行党中央部门和国务院机构的重大改革，是对国家治理体系进行系统性重塑的集中行动。

短短一年多时间，调整80多个中央和国家机关部门、直属单位，核减21个部级机构，仅在中央和国家机关层面就涉及180多万人……涉及范围之广、触及利益之深，让海外媒体直呼“力度空前”“出乎预料”。

“深化党和国家机构改革是要动奶酪的，是要触动利益的，也是真刀真枪的，是需要拿出自我革新的勇气和胸怀的。”习近平总书记态度坚决。

“明知山有虎，偏向虎山行。”改革深水区绕不开、躲不过，必须愈难愈进、勇往直前。

军队改革打破长期实行的四总部制，正师级以上机构减少 200 多个，人员精简三分之一；国税地税征管体制改革为长达 24 年的国地税分设局面画上句号，3.4 万个机构被撤销，2 万多名干部由正职转为副职；户籍制度改革冲破城乡壁垒，全面取消农业户口与非农业户口的性质区分，推动 1 亿非户籍人口在城市落户；废止劳动教养制度，延续半个世纪的劳教制度退出历史舞台……

面对一项项议论多年、久推不动、牵涉深层次调整的改革，习近平总书记亲自破局开路，破藩篱、扫障碍，推动实现历史性变革。

越是恢宏的改革蓝图，越需要改革者的谋略与智慧。

新形势下如何深化农村改革，是总书记一直思考的重要问题。40 多年前，正在上大学的习近平曾到安徽滁州实地调研包产到户，“当时来我记了一本笔记，我还收藏着”。

时移世易。随着城镇化快速发展、大量农民进城和农村分工分业的巨变，农村农业生产关系亟须新的调整。

2013 年 7 月，农历大暑时节，习近平总书记来到湖北武汉农村综合产权交易所，同工作人员和前来办理产权流转交易鉴证手续的农民交谈，详细询问产权交易具体流程。

同年 12 月，习近平总书记在中央农村工作会议上提出一个重大论断：“把农民土地承包经营权分为承包权和经营权，实现承包权和经营权分置并行。”

从“两权分离”到“三权分置”，这是中国农村改革的又一次重大创新，以四两拨千斤之力，为在坚持农村土地集体所有、保障农民承包权益前提下，推动农村土地经营权有序流转，促进多种形式农业适度规模经营打开了崭新空间。

目前，全国家庭承包耕地土地经营权流转面积大幅提升，家庭农场、农民合作社等新型农业经营主体蓬勃发展，成为推动现代农业发展的重要力量。

全面深化改革改到深处，没有经验可循，没有模式可依，需要“逢山开路、遇水搭桥”的探索和创新。

面对党内存在的腐败和作风问题，从制定中央八项规定切入，大刀阔斧推进党的建设制度改革，不断健全全面从严治党体系，找到跳出治乱兴衰历史周期率的第二个答案；破解司法改革困境，紧紧牵住司法责任制这个“牛鼻子”，建立办案质量终身负责制，推进以审判为中心的诉讼制度改革，把司法权力关进制度笼子；针对产权保护不同等不规范问题，把“有恒产者有恒心”写入中央文件，从顶层设计强化产权保护的法治化路径……

致广大而尽精微，一子落而满盘活。

面对新的时代形势和课题，习近平总书记瞄准重点任务、抓住关键环节，以高超的政治智慧和非凡的政治胆略，推动许多领域实现历史性变革、系统性重塑、整体性重构。

从党的十八届四中全会推动全面深化改革在法治轨道上稳步推进，到党的十九届三中全会部署改革开放以来最大规模的机构改革，从党的十九届四中全会系统描绘中国特色社会主义的制度图谱，到党的二十届二中全会对继续深化党和国家机构改革作出重要部署……新时代波澜壮阔的改革图卷，铺展在气象万千的神州大地上。

★ 2024 年 3 月 18 日，在河南省焦作市博爱县孝敬镇东原庄村瑞辉家庭农场，村民使用全自动指针式喷灌机进行浇灌作业。（新华社发　程全摄）

“啊，中国！你迈开了气壮山河的新步伐……”

2018 年 12 月 18 日上午，庆祝改革开放 40 周年大会隆重举行。《春天的故事》熟悉而深情的旋律在人民大会堂响起。

这是首次以改革开放为主题的国家级表彰。农村改革的先行者、资本市场的开创者、民营经济的拓荒者、科技创新的推动者……数十名为改革开放作出杰出贡献的“改革先锋”受邀走上主席台，同习近平等党和国家领导人坐在一起。

在少先队员向他们敬献鲜花时，坐在主席台前排的习近平总书记带头起立转身，面向受表彰人员代表鼓掌致意。

掌声，是献给历史的敬意，是接续奋斗的号召。

“在这个千帆竞发、百舸争流的时代，我们绝不能有半点骄傲自满、固步自封，也绝不能有丝毫犹豫不决、徘徊彷徨，必须统揽伟大斗争、伟大工程、伟大事业、伟大梦想，勇立潮头、奋勇搏击。”习近平总书记激情满怀。

纵横正有凌云笔——科学把握改革规律，以全新的改革思想指导新实践、引领新变革，习近平总书记提出一系列关于全面深化改革的新思想新观点新论断，成为指引新时代改革开放的根本遵循

伟大时代孕育伟大思想，伟大思想引领伟大征程。

新时代全面深化改革之所以能取得历史性成就，根本在于习近平总书记作为党中央的核心、全党的核心领航掌舵，在于习近平新时代中国特色社会主义思想科学指引。

2013 年 7 月 21 日，江城武汉，大雨滂沱。

习近平总书记卷起裤腿，蹚着积水，打着伞，边走边向工作人员了解有关情况。

此时距离党的十八届三中全会召开不到 4 个月，大会文件起草正值关键阶段。进入深水区的改革，面对更多风雨、更大阻力，如何穿越险滩暗礁、激流巨浪？

在这次考察中，习近平总书记拨云见日：“必须从纷繁复杂的事物表象中把准改革脉搏，把握全面深化改革的内在规律。”并提出要正确处理解放思想和实事求是、整体推进和重点突破、顶层设计和摸着石头过河、胆子要大和步子要稳、改革发展稳定等五大关系，被外界认为“给接下来的全面深化改革定调”。

思想的闪电，总是先于巨变的雷鸣。

党的十八大以来，以习近平同志为核心的党中央高瞻远瞩、把脉定向，及时回答时代之问、人民之问，廓清困扰和束缚改革发展的迷雾，以一系列创造性的新思想、新观点、新论断，将中国特色社会主义改革理论和改革实践推进到新的广度和深度。

——始终旗帜鲜明，牢牢把握改革的方向、立场和原则，确保改革开放事业行稳致远。

2015 年 6 月，一份关于在深化国有企业改革中坚持党的领导加强党的建设的若干意见稿被摆上中南海的议事案头。

国企改革是经济体制改革的重头戏。习近平总书记一语定调：

“要坚持党的建设与国有企业改革同步谋划、党的组织及工作机构同步设置”“坚持党对国有企业的领导是重大政治原则，必须一以贯之；建立现代企业制度是国有企业改革的方向，也必须一以贯之”。

把准改革方向、尺度、节奏，制定“1+N”政策体系，党对国企国资的领导力掌控力大为增强，现代企业制度加快建设，活力效率显著提升。

改革愈进愈深、愈行愈艰，必须熟稔水性、把稳船舵，决不能在根本问题上出现颠覆性错误。

正如习近平总书记所指出：“我们的改革开放是有方向、有立场、有原则的。我们当然要高举改革旗帜，但我们的改革是在中国特色社会主义道路上不断前进的改革，既不走封闭僵化的老路，也不走改旗易帜的邪路。”

思之深，行之笃。

坚持守正创新，改革无论怎么改，坚持党的全面领导、坚持马克思主义、坚持中国特色社会主义道路、坚持人民民主专政等根本的东西绝对不能动摇，同时要敢于创新，把该改的、能改的改好、改到位，看准了就坚定不移抓。

——善用辩证法，做到改革与法治相统一、改革与开放相促进。

2024 年 6 月 28 日，十四届全国人大常委会第十次会议表决通过农村集体经济组织法，对保障农村集体产权制度改革成果、促进新型农村集体经济高质量发展、维护和发展农民群众利益、推进乡村全面振兴具有重要意义。

习近平总书记指出，“在整个改革过程中，都要高度重视运用法治思维和法治方式，发挥法治的引领和推动作用”。

准确把握改革与法治的辩证关系，以“鸟之两翼、车之两轮”为喻，要求在法治下推进改革，在改革中完善法治，重大改革于法有据、及时把改革成果上升为法律制度，改革和法治同步推进，增强改革的穿透力。

深刻揭示改革和开放的内在统一，坚持以开放促改革、促发展，实行更加积极主动的开放战略，建设更高水平开放型经济新体制，不断拓展发展新空间。

处理好经济和社会、政府和市场、效率和公平、活力和秩序、发展和安全等重大关系……

审大小而图之，酌缓急而布之。敏锐而有力的思想杠杆，不断撬动历史车轮，推动时代进程。

——注重方法论，切实推动各项改革举措相互促进、协同配合、相得益彰。

2015 年 9 月 3 日，首都北京，纪念中国人民抗日战争暨世界反法西斯战争胜利 70 周年大会隆重举行，天安门广场举行盛大阅兵仪式，铁流奔涌、战鹰呼啸。

“我宣布，中国将裁减军队员额 30 万。”习近平总书记发出新时代国防和军队改革的出征号令。

习近平总书记指出，能打仗、打胜仗方面存在的问题就是最大的短板、最大的弱项，有的甚至可以说是致命的。令人揪心！不改革，军队是打不了仗、打不了胜仗的。

撤销七大军区、调整划设五大战区，正风肃纪反腐力克管理松懈、作风松散、纪律松弛现象……变革重塑后的人民军队，格局、面貌焕然一新。

改革，是弄潮儿的历史自觉，也是直面问题的政治勇气。习近平总书记强调，改革攻坚要有正确方法，坚持创新思维，要跟着问题走、奔着问题去。

党的十八大以来，72 次中央深改领导小组和中央深改委会议，几乎每次都要求突出问题导向、聚焦重大问题。

瞄准“审者不判、判者不审”顽疾推进司法体制改革，力克“机关化、行政化、贵族化、娱乐化”倾向加大群团改革，破除“印章围墙”乱象，深化行政审批制度改革……疏堵点、除痛点，改革不断为发展增动力、添活力。

全面深化改革，新在全面，难在深化。如何防止和克服改革各行其是、相互掣肘？

习近平总书记明确指出："零敲碎打调整不行，碎片化修补也不行，必须是全面的系统的改革和改进，是各领域改革和改进的联动和集成。"

2021年10月12日，中国宣布设立三江源、大熊猫、东北虎豹等第一批国家公园，彻底改变过去"山一块、水一块、林一块、草一块"的碎片化管理，破除"九龙治水"困局。

更加注重系统集成，以全局观念和系统思维谋划推进，全面深化改革整体效应加快显现。

改革重在落实，也难在落实。推动改革落地见效，被摆在更加突出的位置。

强调"抓铁有痕、踏石留印""一抓到底"，提出"要以钉钉子精神抓改革落实，既要积极主动，更要扎实稳健"……在习近平总书记亲自领导指挥下，当年勾勒的改革蓝图，已化作大潮奔涌、千帆竞发的壮美实践。

——践行价值观，始终做到改革为了人民、改革依靠人民、改革成果由人民共享。

新时代波澜壮阔的改革进程背后，"人民"是逻辑起点，也是价值旨归。

2021年3月23日，福建省三明市沙县总医院。

在此考察的习近平总书记，向市民张丽萍询问陪母亲看病的费用情况。得知 1.3 万元花费中报销了 8000 多元，总书记十分欣慰。

“人民至上、生命至上应该是全党全社会必须牢牢树立的一个理念。”习近平总书记强调，“看大病在本省解决，一般的病在市县解决，日常的头疼脑热在乡村解决。这个工作要在‘十四五’期间起步。”

习近平总书记多次提出，老百姓关心什么、期盼什么，改革就要抓住什么、推进什么。

从农村“厕所革命”到城市垃圾分类，从防治“小眼镜”到推进清洁取暖，一件件民生“小事”融入国家发展顶层设计，成为改革发力点、落脚点，人民群众获得感、幸福感、安全感不断提升。

为了人民而改革，改革才有意义；依靠人民而改革，改革才有动力。

尊重人民群众首创精神，注重总结推广农村综合改革、“最多跑一次”、新时代“枫桥经验”等基层经验……全面深化改革充分调动各方面积极性、主动性、创造性，凝聚起持续向前的磅礴力量。

历史的长河奔流不息，思想的波涛卷起巨澜。

坚持党的领导，坚持中国特色社会主义道路，坚持开拓创新，坚持以人民为中心推进改革，坚持问题导向，坚持解放思想，坚持在法治轨道上深化改革，坚持科学方法论，坚持以开放促改革促发展，坚持以党的自我革命引领伟大社会革命……

善于运用战略思维、辩证思维、系统思维、创新思维、历史思维、法治思维、底线思维，抓“总开关”、啃“硬骨头”、牵“牛鼻子”、下“先手棋”、打“主动仗”、破“中梗阻”……

习近平总书记关于全面深化改革的一系列新思想、新观点、新论断，不断引领中国改革发展开辟新境界。

风生水起逐浪高——新时代全面深化改革范围、规模、力度世所罕见，所推动的改革是全方位、深层次、根本性的，取得的成就是历史性、革命性、开创性的

2023年4月21日，北京中南海，习近平总书记主持召开二十届中央全面深化改革委员会第一次会议。会议全面回顾党的十八大以来全面深化改革的历史进程，深刻指出：

“新时代10年，我们推动的改革是全方位、深层次、根本性的，取得的成就是历史性、革命性、开创性的。”

十多年砥砺奋进，绘出一个民族向上生长的脉络，见证新时代迈向更广阔天地的伟大变革。

时间回到2012年。

这一年，中国经济增速新世纪以来首次回落至8%以下，环境污染频发、粗放发展难以为继等“发展起来以后的问题”避无可避。

同年12月，习近平总书记来到广东考察，在广州主持召开经济工作座谈会。会上，总书记道出改革的紧迫性：“加快推进经济结构战略性调整是大势所趋，刻不容缓。”

回京后不到一周，中央经济工作会议上，习近平总书记又强调：“不能不顾客观条件、违背规律盲目追求高速度。”

从判断我国经济发展处在“三期叠加”阶段、提出“新常态”，

到部署供给侧结构性改革，再到作出“我国经济已由高速增长阶段转向高质量发展阶段”的重大判断……

习近平总书记敏锐把握发展之变，以改革引领新时代中国经济变革。

“质量变革”——“三去一降一补”深入推进，助推传统产业转型升级、新兴产业蓬勃发展，高端装备制造、智能制造等多个领域取得新突破，新旧动能加速转换。

“效率变革”——行政审批制度改革、要素市场化改革等牢牢抓住处理好政府和市场关系这个核心问题，使市场在资源配置中的决定性作用更为显著。

“动力变革”——从“破四唯”“立新标”，以“揭榜挂帅”“赛马制”支持科学家大胆探索，到坚持科技创新和体制机制创新“双轮驱动”，创新活力不断迸发、科技新成果层出不穷。

……

党的十八届三中全会以来，全面深化改革锚定发展这个第一要务，不断开辟新空间、提供新动能、创造新条件，中国经济在高质量发展的轨道上行稳致远。

对于人民群众来说，全面深化改革意味着什么？

对于家住山东烟台的独居老人杨布昭来说，是一段安心温暖的晚年生活——得益于基本养老服务清单制度的建立健全，像他一样的独居、空巢、留守等特殊困难老年人可以享受到探访关爱、健康管理等多项基本养老服务。

对于在广州工作的刘建雄来说，是一张沉甸甸的居住证——得益于在广东率先开始的居住证制度改革，从“暂”到“居”的一字之变，数以千万计像刘建雄一样的流动人员也能享受到住房、社保、医疗、子女入学等多项公共服务。

对于西藏雅尼湿地管护员白玛乔来说，是绿绿的草、清清的水——得益于生态保护红线划定和湿地公园建设推进，当地的砂石厂关闭了，村民们的环保意识越来越强，湿地的秀美风光逐渐恢复。

……

“我们推进改革的根本目的，是要让国家变得更加富强、让社会变得更加公平正义、让人民生活得更加美好。”这是新时代中国共产党人的拳拳赤子之心，也是新时代全面深化改革的成绩单。

以改革促脱贫攻坚，建立精准扶贫、精准脱贫机制，创造了8年间让近1亿农村贫困人口脱贫的伟大奇迹，在中华大地上全面建成了小康社会。

以改革解急难愁盼，取消实行多年的药品和耗材加成，建立集采制度，医药卫生体制改革下大力气啃“硬骨头”，破解群众看病难、看病贵难题。

以改革护社会公平，从努力让每个孩子都享有公平而有质量的教育，到建成世界上规模最大的社会保障体系，生动诠释“让人民生活幸福是‘国之大者’”。

以改革汇民智民意，发展全过程人民民主，让群众智慧广泛纳入决策程序，“小院议事厅”“居民智囊团”等议事平台让人民当家作主落地落实。

……

★ 西藏雅尼国家湿地公园管护员在巡护途中小憩（无人机照片，2023 年 9 月 8 日摄）。（新华社记者丁增尼达摄）

党的十八届三中全会以来，2000 多个改革方案，大写的“人”字贯穿始终，书写着人民至上的新篇章。

相比过去，新时代改革开放具有许多新的内涵和特点，其中很重要的一点就是制度建设分量更重。

到 2023 年 11 月中旬，全国 31 个省（区、市）和新疆生产建设兵团市县一级监察官等级首次确定工作全面完成。这标志着自 2022 年起推进的全国监察官等级首次确定工作圆满收官，国家监察体制改革迈出重要一步。

从监察法通过施行，到国家和省、市、县四级监察委员会组建完成，再到公职人员政务处分法等配套法规制定出台……国家监察体制改革从试点到全面推开，实现从监督“狭义政府”到“广义政府”

的转变，改革形成的制度优势逐步转化为治理效能。

完善和发展中国特色社会主义制度、推进国家治理体系和治理能力现代化，这是全面深化改革的总目标。

抓住“关键点”。文化体制改革确立和坚持马克思主义在意识形态领域指导地位的根本制度，健全用党的创新理论武装全党、教育人民、指导实践工作体系，不断健全现代文化产业体系、市场体系和公共文化服务体系，全民族文化创新创造活力大大激发。

避免“碎片化”。生态文明体制改革摒弃旧有思路，组建自然资源部、生态环境部，建立实施中央环保督察、河湖长制，出台“史上最严”环保法，以一系列系统集成的举措使美丽中国蔚为大观。

善打“组合拳”。行政体制改革以加快转变政府职能为突破口，大幅削减行政审批事项，全面取消非行政许可审批，全面推行权力清单、责任清单、负面清单制度，营造良好营商环境，更好发挥政府管理服务作用。

……

党的十八届三中全会作出全面深化改革的顶层设计，党的十八届四中全会部署全面依法治国，党的十九届四中全会作出 13 方面制度安排。

全面深化改革始终突出制度建设这条主线，不断健全制度框架，筑牢根本制度、完善基本制度、创新重要制度，构建起制度建设的“四梁八柱”。

改革和开放相辅相成、相互促进。

2023 年 9 月，我国首个自贸试验区——上海自贸试验区迎来

10周岁生日。

一个多月后，我国第22个自贸试验区——新疆自贸试验区揭牌成立，成为西北沿边地区首个自贸试验区。

一东一西，从沿海到内陆的两个自贸试验区遥相呼应，见证着中国开放的大门越开越大。

仅2023年一年，我国自贸试验区合计进出口就达7.67万亿元，占我国进出口总值的18.4%。

扩大开放之门，走稳改革之路。

实施外商投资法，修订扩大鼓励外商投资产业目录，持续缩减外资准入负面清单，吸引和利用外资力度不断加大，中国开放的“磁力”日益增强。

从200多份共建“一带一路”合作文件，到广交会、进博会、服贸会、消博会等组成的“展会矩阵”，中国开放的“舞台”越来越大。

对世界经济增长贡献率超过30%，制造业增加值占全球比重约30%，出口全球占比保持约14%的较高水平，是全球140多个国家和地区的主要贸易伙伴，中国开放的“分量”越来越重。

……

党的十八届三中全会以来，开放新机制加快建设，规则、规制、管理、标准等制度型开放稳步推进，中国正以开放的姿态拥抱世界，为全球经济发展注入强大动能。

时间是最客观的见证者。

党的十八届三中全会公报公布时，曾有外媒预测：全会让中国向前迈出关键一步，加速推动这个国家30多年前开始的改革开放事业。

十多年后，中国没有令人失望，全面深化改革取得的历史性、革命性、开创性成就让我们信心满怀。

放眼世界，没有哪个国家和政党，能在这么短时间内推动这么大范围、这么大规模、这么大力度的改革，也没有哪个国家和政党，能在改革进程中实现这样的历史性变革、系统性重塑、整体性重构。

扬帆破浪再启航——紧扣党和国家中心任务进一步全面深化改革，进一步解放思想、解放和发展社会生产力、解放和增强社会活力，为中国式现代化提供强大动力和制度保障

回望40多年改革开放史，每逢党的三中全会，党中央都会研究改革开放重大问题；每到国家发展关键时期，人们都会对新的改革开放政策寄予厚望。

党的二十届三中全会召开在即，全社会翘首以盼，全世界聚焦中国。

“党的二十大之后，我一直在思考进一步全面深化改革问题。”习近平总书记念兹在兹。

党的二十大，开启了以中国式现代化全面推进强国建设、民族复兴伟业的新征程。

站在新起点，发展面临新的困难挑战：

向外看，百年变局加速演进，地缘政治形势严峻；向内看，经济持续回升向好仍面临挑战，关键核心技术“卡脖子”问题尚未根

本解决；向未来，新一轮科技浪潮扑面而来，大国博弈和竞争空前激烈……

站在新起点，改革到了新的重要时期：

推动高质量发展，需要通过改革让新质生产力活力迸发；构建新发展格局，需要通过改革畅通经济循环；实现全体人民共同富裕，需要通过改革更好解决发展不平衡不充分的问题；参与全球竞争，需要以改革促创新，赢得发展主动权……

新的历史关头，需要新的思考谋划。

在广东考察提出“坚定不移全面深化改革扩大高水平对外开放”；在上海强调“要在更高起点上全面深化改革开放”；在江西要求“打造内陆地区改革开放高地”……

在中央政治局会议等多个场合强调改革开放是党和人民事业“大踏步赶上时代的重要法宝”；在全国两会上要求“必须坚定不移深化改革开放、深入转变发展方式”；在中央深改委会议上明确“要把全面深化改革作为推进中国式现代化的根本动力”……

党的二十大以来，习近平总书记利用各种方式深入调查研究，思考进一步全面深化改革重大问题；在多个重要场合，阐明对进一步全面深化改革的重要考量。

2024 年 5 月 23 日，习近平总书记在山东济南主持召开企业和专家座谈会。

在听取大家的发言后，总书记发表重要讲话，从“紧扣改革主题”“突出改革重点”“把牢价值取向”“讲求方式方法”四个方面，就如何擘画进一步全面深化改革的宏伟蓝图作出战略指引。

——进一步全面深化改革，必须进一步解放思想、解放和发展社会生产力、解放和增强社会活力。

理念一变天地宽。推进中国式现代化，是一项前无古人的开创性事业，必须开阔视野、打开格局。

解放思想是前提，是解放和发展社会生产力、解放和增强社会活力的总开关。解放和发展社会生产力、解放和增强社会活力，是解放思想的必然结果，也是解放思想的重要基础。

从中国版图看，漫长的东部海岸线宛如一张蓄力已久的长弓，长三角正是箭镞，既是发展的排头，也是改革的前沿。

“率先形成更高层次改革开放新格局”，2023 年 11 月 30 日，习近平总书记主持召开深入推进长三角一体化发展座谈会并发表重要讲话，对长三角提出更高要求，强调“在中国式现代化中走在前列”。

凝聚改革共识，激发社会活力，将为新征程上推进中国式现代化注入源源动力。

——进一步全面深化改革，必须更加注重系统集成，更加注重突出重点，更加注重改革实效。

全面深化改革是一场深刻而全面的社会变革，也是一项复杂的系统工程，必须坚持科学的方法论。

南海之滨，海南自由贸易港进入封关运作攻坚期。2024 年 6 月 1 日，海南自贸港建设全面实施迎来 4 周年。4 年前，《海南自由贸易港建设总体方案》发布，制度集成创新被摆在突出位置。

集成，意味着什么？一件专利授权，从过去的 600 天至 1000 天缩短到了 50 天至 90 天。

这得益于三亚崖州湾科技城推行专利、商标、版权、地理标志、植物新品种权等知识产权“五合一”综合管理体制改革，推动知识产权保护由“散”向“合”。

改革，不仅要系统集成、协同发力，更要抓住关键、精准发力。进一步全面深化改革，必须牵住“牛鼻子”。

总书记深刻指出，“要抓住主要矛盾和矛盾的主要方面”“推进经济体制改革要从现实需要出发，从最紧迫的事情抓起”，为进一步全面深化改革指明主攻方向。

系统集成、突出重点，归根结底是为了提升改革的实效性。

春耕备耕时节，2024 年 3 月 19 日，习近平总书记来到湖南常德市鼎城区谢家铺镇。种粮大户戴宏告诉总书记，去年种田纯收入 55 万多元，政府还补贴了 7 万多元。总书记听了十分高兴：“种粮户不能吃亏，有钱赚，才有种粮积极性。”

2 个多月后的 6 月 11 日，习近平总书记在京主持召开中央深改委第五次会议，审议通过重要文件，健全种粮农民收益保障机制和粮食主产区利益补偿机制。

改革有破有立，得其法则事半功倍。三个“更加注重”，蕴含着进一步全面深化改革的方法论。

——进一步全面深化改革，必须推动生产关系和生产力、上层建筑和经济基础、国家治理和社会发展更好相适应。

改革，就是调整生产关系中不适应生产力发展要求的部分，调整上层建筑中不适应经济基础的部分。

“今年是全面深化改革又一个重要年份。”总书记明确要求，

★ 2024 年 3 月 19 日，在湖南省常德市鼎城区谢家铺镇港中坪村，村民驾驶农机翻耕田地（无人机照片）。（新华社记者陈思汗摄）

“改革味要浓、成色要足。”

平稳通过斜坡和楼梯，可以轻快奔跑，遇到磕绊能够敏捷调整……2024 年 4 月，我国自主研发的通用人形机器人“天工”首次亮相。

发展新质生产力，正引导中国开启以创新和科技进步赋能经济发展的变革之旅。

2023 年，习近平总书记在地方考察中提出“加快形成新质生产力”，此后在多个场合作出系统阐释和重大部署。

发展新质生产力，既是发展命题，也是改革命题。关键是通过进一步全面深化改革，让各类先进优质生产要素向发展新质生产力顺畅流动。

党的二十大之后，中央深改委先后召开五次会议，审议通过了改革土地管理制度、加快形成支持全面创新的基础制度等多项重大改革方案，指向的正是生产关系和上层建筑的优化调整。

“社会基本矛盾总是不断发展的，所以调整生产关系、完善上层建筑需要相应地不断进行下去。”习近平总书记科学阐明“改革开放只有进行时、没有完成时”的深刻道理。

走过千山万水，仍需跋山涉水。

46 年前，党的十一届三中全会是划时代的。

11 年前，党的十八届三中全会是划时代的。

而今迈步从头越。以进一步全面深化改革开辟中国式现代化广阔前景，即将召开的党的二十届三中全会必将成为中国改革开放又一座标注时代的里程碑。（新华社记者张晓松、朱基钗、黄玥、姜琳、陈炜伟、孙少龙）

“低空经济”，为什么会被反复@

2024年伊始，“低空经济”成为热门话题——继被多个省份写入政府工作报告后，各地纷纷抢先布局上下游产业、发布相关政策。

2023年中央经济工作会议指出，打造生物制造、商业航天、低空经济等若干战略性新兴产业。今年的政府工作报告明确提出，积极打造生物制造、商业航天、低空经济等新增长引擎。

低空经济被反复提及，让低空领域得到广泛关注。湖南株洲中小航空发动机集群是国家先进制造业集群之一，近日，记者走访多家相关企业，感受低空领域“新制造”的广阔发展空间。

在山河星航实业股份有限公司，记者看到，几十架各式涂装的“阿若拉”轻型运动飞机排列整齐，等待交付。“阿若拉”是由山河星航自主研制的单发双座、常规布局、全碳纤维复合材料飞机，是我国首个获得中国民航局适航认证的国产轻型运动飞机，并取得美国航空局、澳大利亚民航局适航认证。截至去年底，已累计交付261架，覆盖全国28个省份，出口3个国家。

★ 这是 2024 年 6 月 13 日在湖南株洲芦淞区的山河星航实业股份有限公司拍摄的一架轻型运动类飞机。（新华社记者张铖摄）

“今年‘阿若拉’的累计交付数量将突破 300 架。”山河星航实业股份有限公司创始人何清华说，“前 100 架飞机，从研发到销售我们花了 10 来年，而后面的第 3 个 100 架（我们）只要 2 年时间。现在我们还与大众汽车合作开发飞行汽车，这就是新质生产力的释放。”

与此同时，低空经济催生一系列新消费和新业态。临近暑期，湖南翔为通用航空有限公司几乎每天都会迎来前来研学的中小学生，孩子们不仅能近距离看到不同型号的固定翼飞机与直升机，还能通过各种实验与小游戏学习飞行相关的知识。

“除研学外，翔为在航空应急服务方面颇具优势。”湖南翔为

★ 2024年6月13日，在位于湖南株洲芦淞区的翔为通航基地，小学生在进行研学活动。（新华社记者张铖摄）

通用航空有限公司董事长欧德清说，近年来公司为全国多地提供了抗洪抢险、森林火灾等突发事件的应急服务，还与高校、科研机构合作研发了高压水炮等航空应急装备。

事实上，我国多地已出现了低空领域的新业态。在深圳，无人机通过精准定位系统将外卖投入柜中，让顾客自助拿取；全球首条跨海跨城的电动“空中的士”首飞，从深圳到珠海仅需20分钟；在成都与贵阳，无人机跨省低空物流首航成功，解锁“低空物流＋无人机配送”的应用新场景……随着应用场景的不断增加，低空经济带来的想象空间将会越来越大。

在湖南星途航空航天器制造有限公司，智能化机械手已应用在

★ 2024 年 6 月 13 日，在湖南株洲芦淞机场，客户在体验低空飞行。（新华社记者张铖摄）

多个中小型航空设备发动机的生产过程中。企业对生产设备的更新有着长远的考虑，公司工程技术部总工程师王熔告诉记者，出于对效率的追求，公司正在研究通过 VR 技术，让机器替代人工检测焊接质量、精度等，大幅提高检测环节的自动化程度。

低空经济领域的生产活动正在反推技术研发服务、仓储和邮政快递服务、节能和环保服务、生产性租赁服务等一系列生产性服务业的增长，进而推高相关产业的附加值。

多名采访对象表示，低空经济热度虽高，但也不宜“一窝蜂”上马、大范围铺开，需要用新政策支持、新规则规范、新市场激发，让低空领域的经济价值得到充分释放。（新华社记者刘芳洲）

扫码观看
《百炼成钢》

第二章

坚持党的领导为全面深化改革提供根本政治保证

坚持党的领导为全面深化改革提供根本政治保证

——新时代全面深化改革的实践与启示述评之二

“全面深化改革必须加强和改善党的领导，充分发挥党总揽全局、协调各方的领导核心作用。”

党的十八大以来，以习近平同志为核心的党中央引领实行全方位、深层次、根本性的改革，取得了历史性、革命性、开创性的成就。

改革开放，我们党最鲜明的旗帜。党的领导，改革开放取得成功的根本保证。

波澜壮阔的伟大征程，正因坚强有力的掌舵领航，确保了新时代全面深化改革的航船劈波斩浪、行稳致远。

“坚持党的领导，全面从严治党，是改革开放取得成功的关键和根本”——新时代全面深化改革的伟大成就根本在于以习近平同志为核心的党中央坚强领导，根本在于习近平新时代中国特色社会主义思想的科学指引

珠江入海口，是为伶仃洋。一座名为南头的半岛直插其中，犹

如巨锚入水，又似扬起的风帆。

数十年前，半岛东岸，蛇口工业区建设的“开山第一炮”犹如惊蛰春雷，“春天的故事”恢宏起笔。如今，半岛西岸，“特区中的特区”前海一年一个样，“荒滩涂”正变为“聚宝盆”。

2012 年 12 月 7 日，党的十八大闭幕不到一个月，习近平总书记来到改革开放“得风气之先”的广东，第一站就来到这里。

这次考察中，习近平总书记发出“改革不停顿、开放不止步”的号召，更高举起新时代改革开放的旗帜。

强烈的历史担当，源自清醒的历史自觉。

40 多年前，在“向何处去”的十字路口，中国共产党作出改革开放的历史性抉择。这是我们党的一次伟大觉醒，古老民族踏上了迈向现代化的新的征程。

习近平总书记深刻指出：“改革开放是我们党在新的时代条件下带领人民进行的新的伟大革命，是当代中国最鲜明的特色，也是我们党最鲜明的旗帜。”

历史翻开新的一页，改革谱写新的篇章。

党的十八大以来，面对国内外环境发生的广泛而深刻的变化，面对一系列新矛盾、新挑战，以习近平同志为核心的党中央将改革开放作为决定当代中国命运的重要法宝，决定实现“两个一百年”奋斗目标、实现中华民族伟大复兴的重要法宝，坚定不移将改革开放继续推向前进。

位于北京西长安街延长线的京西宾馆，见证了中国共产党两次“划时代”的三中全会。

1978 年 12 月，党的十一届三中全会在这里召开，改革开放和社会主义现代化建设历史新时期由此开启。

30 多年后，2013 年 11 月，党的十八届三中全会在这里召开，吹响了全面深化改革的号角，开启了全面深化改革、系统整体设计推进改革的新时代。

从创造性提出全面深化改革总目标，到系统部署 60 项具体任务、336 项改革举措……全面深化改革的战略重点、优先顺序、主攻方向、工作机制、推进方式和时间表、路线图布局宏阔、清晰醒目。

以党的十八届三中全会为新起点，我国改革开放事业实现由局部探索、破冰突围到系统集成、全面深化的转变。

历史的重任赋予改革者，时代的课题呼唤领航人。

习近平总书记亲自挂帅出征，议大事、抓大事、谋全局，以非凡的政治勇气、卓越的政治智慧、强烈的使命担当，带领全党奋力突破、攻坚克难，为全面深化改革提供了最坚强有力的领导。

从党的十八届四中全会推动全面深化改革在法治轨道上持续稳步推进，到党的十九届三中全会部署改革开放以来最大规模的机构改革，从党的十九届四中全会系统描绘中国特色社会主义的制度图谱，到党的二十届二中全会对继续深化党和国家机构改革作出重要部署……

十多年来，在以习近平同志为核心的党中央引领下，我们党提出的一系列创新理论、采取的一系列重大举措、取得的一系列重大突破，都是革命性的。

一自高丘传号角，千红万紫进军来。

如今，2000 多个改革方案落地，覆盖经济、政治、文化、社会、生态文明、党的建设、国防和军队等各个领域。

全面深化改革从夯基垒台、立柱架梁到全面推进、积厚成势，再到系统集成、协同高效，许多领域实现历史性变革、系统性重塑、整体性重构。

环顾世界，没有哪个国家和政党，能在这么短时间内推动这么大范围、这么大规模、这么大力度的改革。

为何中华大地能凝聚起如此蓬勃的改革力量？

“坚持党的领导，全面从严治党，是改革开放取得成功的关键和根本。”习近平总书记道出我国改革开放风景独好的奥秘，更揭示了未来怎样继续推进全面深化改革的法宝。

“切实把党的领导落实到改革发展稳定、内政外交国防、治党治国治军等各领域各方面各环节”——坚持和加强党的全面领导确保改革顺利推进和各项改革任务落实，全面深化改革也进一步完善了党的全面领导制度体系

2024 年 6 月 11 日下午，北京中南海。

习近平总书记主持召开二十届中央全面深化改革委员会第五次会议，审议通过了《关于完善中国特色现代企业制度的意见》等文件。

十多年来，这样的会议，习近平总书记主持召开了 72 次。

2013 年 12 月，我们党历史上首次在党中央层面设置专司改革工作的领导机构——中央全面深化改革领导小组，负责改革的总

体设计、统筹协调、整体推进、督促落实，下设6个专项小组，统筹协调处理全局性、长远性、跨地区跨部门的重大改革问题。党的十九届三中全会后，中央全面深化改革领导小组改为中央全面深化改革委员会。

“中央全面深化改革领导小组的责任，就是要把党的十八届三中全会提出的各项改革举措落实到位。”习近平总书记指出。

紧锣密鼓，笃行不怠。十多年来，一个强有力的领导“中枢”，以钉钉子精神抓好各领域重大改革举措落实。

中国共产党领导是中国特色社会主义最本质的特征，是中国特色社会主义制度的最大优势。在国家制度和国家治理体系中，党是决定整个系统运行的关键。

党的十九届四中全会将党的领导制度明确为我国根本领导制度，进一步从制度层面上确保发挥党的领导这个最大优势。

始终将党的领导贯穿改革全过程，成为全面深化改革顺利进行并取得成功的根本保证。

2020年6月30日，十九届中央深改委第十四次会议审议通过了《国企改革三年行动方案（2020—2022年）》，发出进一步深化国企改革的动员令。

央企集团“党建入章”，推动“双向进入、交叉任职”，党委（党组）书记、董事长“一肩挑”，党委（党组）前置研究讨论重大经营管理事项清单……新时代国企改革，坚持落实“党对国有企业的领导是重大政治原则，必须一以贯之；建立现代企业制度是国有企业改革的方向，也必须一以贯之”的要求，成为坚持和加强党的领导在各领域全覆盖的一个缩影。

党的十八大以来，党中央把全面深化改革纳入“五位一体”总体布局和“四个全面”战略布局，建立健全了落实党的全面领导的一系列重要制度、具体制度。

党中央层面，中央全面深化改革委员会负责把方向、谋大局、定政策、促改革；在党的地方组织，各地全面深化改革机构确保党中央决策部署在本地区贯彻执行，有令即行、有禁即止。

党的十八届三中全会后，省市县等各地全面深化改革机构逐一亮相，中央到地方全面深化改革新格局形成。

从健全高等学校实行党委领导下的校长负责制，到在公立中小学、医院、科研院所逐步实行党组织领导下的校（院、所长）负责制，基层党组织在改革发展中地位作用不断增强。

横向到边、纵向到底，坚持党的全面领导制度体系更加成熟更加定型，为推进全面深化改革提供坚强保证。

办好中国的事情，关键在党，关键在人，关键在各级领导班子和党员干部。

雄安新区，新时代改革开放的新地标。

设立雄安新区企事业和两新组织综合党委，支部建在重点区域、重大项目上……

雄安新区，沐浴着阳光，这座“未来之城”的高标准规划蓝图，正化为高质量发展的现实画卷。设立以来，雄安新区改革、建设到哪里，党的组织就覆盖到哪里。各级党组织充分调动起党员干部的力量与活力，助力新区建设跑出“加速度”。

一个支部就是一个堡垒，一名党员就是一面旗帜。

在全面深化改革的春潮中，党中央高瞻远瞩、系统部署，各级党组织积极主动、担当作为，形成了集中统一的改革领导体制、务实高效的改革决策机制、上下联动的统筹协调机制、有力有序的督办督察机制，打通各项改革举措落地见效的“最后一公里”。

“确保改革开放这艘航船沿着正确航向破浪前行”——把坚持和加强党的全面领导作为进一步全面深化改革的政治引领和政治保障，不断谱写新时代新征程改革开放新篇章

当下的中国，在更高起点上继续把全面深化改革推向深入，信念比金子还重要。

环顾国内，经济持续回升向好仍面临诸多挑战，周期性和结构性矛盾叠加，改革发展稳定依然有不少深层次矛盾。

放眼全球，世界之变、时代之变、历史之变正以前所未有的方式展开，世界进入新的动荡变革期。

检视自身，党的建设还面临不少顽固性、多发性问题，党面临的“四大考验”“四种危险”将长期存在……

推进中国式现代化的伟大事业，在攻坚克难中奋力突破，在披荆斩棘中坚定前行，在重大历史关头、重大考验面前，党中央的领导力、判断力、决策力、行动力有着决定性作用。

习近平总书记深刻指出，改革开放任务越繁重，越要加强和改善党的领导，越要确保党始终成为中国特色社会主义事业的坚强领

导核心。

新征程上，进一步推进全面深化改革，必须更加深刻领悟“两个确立”的决定性意义，更加坚定做到“两个维护”，才能克服前进道路上的重重困难，才能凝聚起上下一心、攻坚克难的强大合力。

2024 年 5 月 23 日下午，泉城济南，南郊宾馆草木蓊郁。一场关于改革的企业和专家座谈会在这里召开。

会场中，既有来自国有企业、民营企业、外资企业、港澳台资企业、专精特新“小巨人”企业、个体工商户的代表，也有来自经济领域的专家学者，还有来自有关部门和地方的负责同志。

习近平总书记说：“党中央作出重大决策、制定重要文件，都深入调研，广泛听取各方面意见，这是我们党的一贯做法和优良传统。”

正是通过一次次问计于民、广集民智，改革找到破题的关键，凝聚起奋进的共识。

新征程上，进一步推进全面深化改革，必须始终坚持科学执政、民主执政、依法执政，完善党的领导方式和执政方式，提高党的执政能力和领导水平，不断提高党把方向、谋大局、定政策、促改革的能力和定力，确保改革开放这艘航船沿着正确航向破浪前行。

2024 年 3 月，全国两会结束不到一周，习近平总书记来到湖南考察。此行，总书记专门考察了农村基层减负情况。

牌子变少了、基层承担的事务减少了，村干部们有了更多时间和精力为老百姓服务……在常德市鼎城区谢家铺镇港中坪村党群服务中心的院子里，深入了解了基层减负情况，习近平总书记强调，党中央明确要求为基层减负，要坚决整治形式主义、官僚主义问题，精兵简政，持之以恒把这项工作抓下去。

从在天津考察时指出“持续整治形式主义为基层减负，引导广大党员干部真抓实干、开拓进取”，到在参加全国两会江苏代表团审议时强调“坚决纠治形式主义、官僚主义，切实为基层减负，激发全党全社会创造活力，提振党员干部干事创业的精气神”，再到在重庆考察时要求“持续深化整治形式主义为基层减负，为基层干部干事创业创造良好条件”……“减负”二字，成为近段时间来习近平总书记强调的“高频词”。

面对艰巨繁重的改革发展稳定任务，党员干部饱满的精神状态、过硬的工作作风，是攻坚克难的坚强保障。

新征程上，进一步推进全面深化改革，必须最大限度地调动和激发干部队伍的积极性、主动性、创造性，完善干部担当作为激励和保护机制，保护和支持改革创新，让各方面优秀干部投身新一轮改革大潮，形成人才辈出、人尽其才的生动局面。

2024年6月27日，习近平总书记主持召开中共中央政治局会议，研究进一步全面深化改革、推进中国式现代化问题。

会议提出进一步全面深化改革应贯彻的原则，第一条即是：“坚持党的全面领导，坚定维护党中央权威和集中统一领导，发挥党总揽全局、协调各方的领导核心作用，把党的领导贯穿改革各方面全过程，确保改革始终沿着正确政治方向前进。”

当天下午，中共中央政治局就健全全面从严治党体系进行第十五次集体学习。

习近平总书记在主持学习时强调，全党必须永葆“赶考”的清醒和坚定，以健全全面从严治党体系为有效途径，不断把新时代党的建设新的伟大工程推向前进。

新征程上，必须坚持党中央对进一步全面深化改革的集中统一领导，保持以党的自我革命引领社会革命的高度自觉，坚持用改革精神管党治党，以钉钉子精神抓好改革落实，把进一步全面深化改革的战略部署转化为推进中国式现代化的强大力量。

上下同心启新局，击鼓催征又出发。

在以习近平同志为核心的党中央坚强领导下，毫不动摇坚持和加强党的全面领导，亿万人民团结一心、踔厉奋发，新时代改革开放一定能续写新的壮丽篇章、创造新的更大奇迹。（新华社记者朱基钗、高蕾、孙少龙、范思翔）

确保党始终成为时代先锋、民族脊梁

——写在中国共产党成立 103 周年之际

历史，偶然中昭示必然。

103 年前启航的小小红船，已成为“中国号”巍巍巨轮。103 年来，中国共产党领导人民创造了彪炳史册的历史伟业，书写了中华民族几千年来最为恢宏的华彩史诗。

于群山之巅俯瞰大地苍茫，自时间长河洞见风云激荡。

新中国成立 75 周年之际，进一步全面深化改革大幕将启之时，中国共产党这个世界第一大执政党，正在以习近平同志为核心的党中央坚强领导下，以时代为卷，以奋斗作笔，书写着新的壮美篇章。

砥柱中流　风华正茂

“从以前的骑马放牧到后来的骑摩托车放牧，再到现在的无人机放牧，我的家乡越来越现代化了！”

2024 年 6 月 18 日，青海西宁，在上海援建的果洛西宁民族中学明亮的教室里，15 岁的尼东拉毛向前来考察的习近平总书记讲起家乡的今昔巨变。

习近平总书记表示，包括教育在内的东西部协作和对口支援取得显著成效，充分彰显了中国共产党领导和中国特色社会主义制度的优势。

一滴水可以折射太阳的光辉，一所中学里的温暖故事能够映射出新时代党领导各项事业蓬勃发展的壮阔历程。

办好中国的事，关键在党。读懂中国共产党，方能看清“风景这边独好”的中国奇迹。

这是一个矢志追寻梦想、勇担时代使命的政党——

2024年6月27日，中共中央政治局召开会议，听取了《中共中央关于进一步全面深化改革、推进中国式现代化的决定》稿在党内外一定范围征求意见的情况报告，决定根据这次会议讨论的意见进行修改后将文件稿提请二十届三中全会审议。

一个政党，最难的就是历经沧桑而初心不改、饱经风霜而本色依旧。

回望来路，从革命年代“取义成仁今日事”的无悔，到改革岁月“贫穷不是社会主义”的坚定，再到新时代“中华民族伟大复兴的中国梦一定能够实现”的担当，中国共产党团结带领中国人民进行的一切奋斗、一切牺牲、一切创造，都只为实现中华民族伟大复兴的梦想。

站在我国和世界发展的历史新方位，统筹把握中华民族伟大复兴战略全局和世界百年未有之大变局，新时代中国共产党人以强烈的历史主动精神发出时代强音，吹响前进号角。

强烈的历史主动、深沉的历史担当，源自对时代大势的准确把握。

当前，民族复兴进入不可逆转的历史进程，但仍有许多“险滩”

要渡、“硬骨头”要啃。以习近平同志为核心的党中央要求全党以钉钉子精神抓好改革落实，把进一步全面深化改革的战略部署转化为推进中国式现代化的强大力量。

这是一个先进思想引领、科学理论武装的政党——

2023年金秋十月，首都北京，全国宣传思想文化工作会议在京西宾馆召开。会议正式提出习近平文化思想。

作为习近平新时代中国特色社会主义思想的文化篇，这一思想一经提出，立刻在全党全社会引发热烈反响。

注重思想建党、理论强党，是中国共产党的鲜明特色和光荣传统。

100多年前，十月革命一声炮响，为中国送来了马克思主义，惊醒了“五千余年的沉梦”。从此，一代代中国共产党人开始了追求真理、揭示真理、笃行真理的伟大历程。

我们党的历史，就是一部不断推进马克思主义中国化时代化的历史，就是一部不断推进理论创新、进行理论创造的历史。

理论创新每前进一步，理论武装就要跟进一步。

党的群众路线教育实践活动、“三严三实”专题教育、“两学一做”学习教育、“不忘初心、牢记使命”主题教育、党史学习教育、学习贯彻习近平新时代中国特色社会主义思想主题教育、党纪学习教育……加强理论武装始终都是最鲜明的底色。

通过坚持学习党的创新理论，广大党员悟规律、明方向、学方法、增智慧，神州大地正在展开“思想之光”转化为物质力量的生动画卷。

这是一个直面大党独有难题、始终清醒坚定的政党——

2023年6月，全国组织工作会议系统阐释习近平总书记关于党的建设的重要思想，明确了党的建设的根本原则、重大使命、科学布局、价值追求、重点任务。

2024 年 1 月，二十届中央纪委三次全会上，习近平总书记深刻阐述党的自我革命的重要思想，科学回答了我们党为什么要自我革命、为什么能自我革命、怎样推进自我革命等重大问题。

2024 年 6 月，在中央政治局第十五次集体学习时，习近平总书记围绕贯彻落实新时代党的建设总要求，强调以健全全面从严治党体系为有效途径，不断把新时代党的建设新的伟大工程推向前进。

以习近平同志为核心的党中央全面深入思考党的建设的理论与实践，提出一系列新理念新思想新论断，极大丰富和发展了马克思主义建党学说，全面部署推进新时代党的建设新的伟大工程，确保党在坚持和发展中国特色社会主义的历史进程中始终成为坚强领导核心。

成其身而天下成，治其身而天下治。

烽火年代里，访问延安后的黄炎培感慨："我认为中共朋友最可宝贵的精神，倒是不断地要好，不断地求进步，这种精神充分发挥出来，前途希望是无限的。"

新时代以来，在以习近平同志为核心的党中央坚强领导下，全面从严治党的伟大实践成为新时代伟大变革的重要组成部分，产生了全方位、深层次影响。

面对新时代全面从严治党的历史性、开创性成就，习近平总书记始终冷静清醒：

"要始终赢得人民拥护、巩固长期执政地位，必须时刻保持解决大党独有难题的清醒和坚定。”

深刻的认识，继之以彻底的行动。

从强化政治引领，到全面从严治党体系不断健全，再到党的自我革命制度规范体系更加完善……

新时代中国共产党人在党的旗帜下团结成“一块坚硬的钢铁”，心往一处想、劲往一处使，不断焕发愈加强大的政治领导力、思想引领力、群众组织力、社会号召力，成为风雨来袭时中国人民最可靠的主心骨。

自我锻造　永葆生机

2024 年 1 月 4 日，北京中南海，一个重要会议开了整整一天。

习近平总书记主持中央政治局常委会会议，听取全国人大常委会、国务院、全国政协、最高人民法院、最高人民检察院党组工作汇报，听取中央书记处工作报告。

近年来，党中央听取“五大班子”工作汇报和中央书记处工作报告，已成为加强和维护党中央集中统一领导的重要制度安排。

党的政治建设决定党的建设的方向和效果，新时代新征程，党的政治建设首要任务就是保证全党服从中央，坚持党中央权威和集中统一领导。

锚定这一首要任务，一项项举措不断推出：

围绕中心工作，2022 年底召开的中央经济工作会议提出做好经济工作“必须坚持党的全面领导特别是党中央集中统一领导”；

抓住“关键少数”，《全国党政领导班子建设规划纲要（2024—2028 年）》将完善领导班子贯彻落实党中央重大决策部署和习近平总书记重要指示批示机制作为重要内容。

着眼公务员队伍，召开全国公务员工作座谈会，印发《全国公务员队伍建设规划纲要（2024—2028 年）》，把政治标准和政治要求落实到公务员选育管用全过程各环节，充实调优建强基层公务员队伍。

聚焦重要领域，全国党委和政府秘书长会议要求新时代办公厅工作要强化政治担当，全力推动党中央决策部署落地见效……

新征程上，中国共产党坚持以党的政治建设为统领，把增强“四个意识”、坚定“四个自信”、做到“两个维护”落实到党的建设全过程各方面。

组织建设是党的建设的重要基础，正确的政治路线要靠正确的组织路线来保证。

踏上克松这片雪域高原上的“红色土地”，赫然映入眼帘的是一块刻有“克松村党支部旧址”的石碑。

65 年前，克松率先在西藏进行民主改革，成立了西藏第一个农村党支部。

65 年来，从最初 5 名翻身农奴成为第一批共产党员，到如今两个党支部带领群众全面推进乡村振兴，克松已成为中国共产党基层组织建设的一个鲜活缩影。

党的力量来自组织，党的全面领导、党的全部工作要靠党的坚强组织体系去实现。

一年多来，中央组织部会同有关部门举办全国村党组织书记和村委会主任、全国社区党组织书记和居委会主任、全国律师行业党组织书记、中央和国家机关等单位选派驻村第一书记培训班，基层党组织战斗堡垒作用和党员先锋模范作用进一步发挥。

着力以上下贯通、执行有力的严密组织体系，不折不扣贯彻落实党中央决策部署。

坚持严的基调正风肃纪反腐，全面从严治党一刻不停歇。

2024 年 4 月 27 日，一场秩序井然、严肃认真的党内法规测试，在中央党校（国家行政学院）县委书记研修班开考。

在学制一个月以上的班次，把《中国共产党纪律处分条例》作为重点内容融入党内法规考试，成为中央党校（国家行政学院）以考促学、推动党纪学习教育取得实效的具体举措。

开展党纪学习教育，是加强党的纪律建设、推动全面从严治党向纵深发展的重要举措。各地区各部门各单位党员、干部以此为契机，增强纪律意识、提高党性修养，不断用党规党纪校正思想行动。

持之以恒改进作风。从查处“四风”问题，到持续通报违反中央八项规定精神典型问题，再到推进为基层减负赋能，新风正气在新征程上不断充盈，“金色名片”越擦越亮。

以零容忍态度反腐败。2023 年全国纪检监察机关共立案 62.6 万件，处分 61 万人，其中包括省部级干部 49 人，厅局级干部 3144 人，县处级干部 2.4 万人……深刻诠释了我们党“得罪千百人、不负十四亿”的使命担当。

完善和健全监督体系。从聚焦“国之大者”强化政治监督，到二十届中央第一和第二轮巡视完成反馈、第三轮巡视扎实开展，再到全国纪检监察干部队伍教育整顿取得实效，各项监督多管齐下。

坚持党性党风党纪一起抓，节奏不变、力度不减、尺度不松，始终利剑高悬、震慑常在。

法规制度带有根本性、全局性、稳定性、长期性，坚持制度治党、依规治党，是长远之策。

从印发《中央党内法规制定工作规划纲要（2023—2027年）》，到推动建立领导干部应知应会党内法规和国家法律清单制度，再到以制度建设为重点深化纪检监察体制改革，党的制度建设持续推进，系统施治、标本兼治的综合效应日益深化。

小智治事，大智治制。

新征程上，党的制度建设蹄疾步稳。自我净化、自我完善、自我革新、自我提高的制度规范体系愈加完善，为党的伟大自我革命提供坚实保障。

站在新的历史起点，如何走好新的赶考之路？

“保持以党的自我革命引领社会革命的高度自觉，坚持用改革精神管党治党”——这，正是新时代中国共产党人的响亮回答！

征程再启　谱写新篇

2024年2月，甲辰龙年即将到来之际，习近平总书记来到天津，走进平津战役纪念馆。

“这次看了平津战役纪念馆，三大战役纪念馆我都看了。三大战役在中国革命战争史上的地位是不可替代的，以经典之作载入史册。”习近平总书记感慨系之。

从哪里来、到哪里去，鉴往知来、向史而新。在这里，习近平总书记强调，对中国革命战争史要学而时习之，珍惜来之不易的红色江山，发扬革命传统，增强斗争精神，勇于战胜前进道路上的各种艰难险阻。

踏上新征程，向着新目标，历经103年风雨洗礼的中国共产党，奋楫再出发。

推动高质量发展，不断谱写中国式现代化新篇章——

一面鲜艳夺目的五星红旗、一个留在月背的“中”字，又一次

★ 2024年6月25日14时7分，嫦娥六号返回器携带来自月背的月球样品安全着陆在内蒙古四子王旗预定区域，探月工程嫦娥六号任务取得圆满成功。（新华社记者贝赫摄）

定格下中国航天的“高光时刻”。

2024 年 6 月 25 日 14 时 7 分，嫦娥六号返回器携带来自月背的月球样品安全着陆。中国首次在月球背面独立动态展示国旗。嫦娥六号完成世界首次月背采样和起飞，成为我国建设航天强国、科技强国取得的又一标志性成果。

“党的二十大明确了以中国式现代化全面推进强国建设、民族复兴伟业的中心任务。中国式现代化要靠科技现代化作支撑，实现高质量发展要靠科技创新培育新动能。”

就在“嫦娥六号回家”前一天，习近平总书记在全国科技大会、国家科学技术奖励大会、两院院士大会上发表重要讲话，精辟论述科技创新在推进中国式现代化、实现第二个百年奋斗目标伟大进程中的重要作用。

人口规模巨大的现代化、全体人民共同富裕的现代化、物质文明和精神文明相协调的现代化、人与自然和谐共生的现代化、走和平发展道路的现代化——推进中国式现代化是前无古人的伟大事业、艰巨繁重的系统工程，对我们党而言，这既是光荣的历史使命，也是严峻的现实考验。

道阻且长，行则将至；行而不辍，未来可期。

新征程上，以中国式现代化全面推进强国建设、民族复兴伟业的宏伟目标，就是要在党的领导下接续奋斗、艰苦奋斗、不懈奋斗，扎扎实实把“蓝图”变成“实景”。

坚持人民至上，不断满足人民对美好生活新期待——

2024 年 6 月 6 日，一场记者见面会上，“时代楷模”宝塔消防

★ 位于江西井冈山市的“星火相传”雕塑（2023 年 6 月 28 日摄，无人机照片）。（新华社记者万象摄）

救援站的代表带来了一份特殊的“礼物”：

小小纸盒里，代表平安的中国结和 19 张写满祝福的便签，见证了延安老区人民和这支队伍的“鱼水深情”。

多年来，他们奔走于大街小巷，灭火救灾、抗洪抢险，被老区人民亲切地称为“红军传人、人民卫士”。

忠于党、忠于人民、无私奉献，是共产党人的优秀品质。党的事业，人民的事业，正是靠着千千万万党员的忠诚奉献而不断铸就的。

新征程上，要始终贯彻以人民为中心的发展思想，解决好人民群众急难愁盼问题，让现代化建设成果更多更公平惠及全体人民，在推进全体人民共同富裕上不断取得更为明显的实质性进展。

汇聚磅礴力量，挺起新时代共产党人的精神脊梁——

中国共产党人究竟是怎样的人？

《红星照耀中国》一书中，美国记者埃德加·斯诺称他们是“最优秀的男女”，有着“经久不衰的热情、始终如一的希望、令人惊诧的革命乐观情绪”……

井冈山精神、长征精神、“两弹一星”精神、特区精神、抗洪精神、抗震救灾精神、脱贫攻坚精神……以伟大建党精神为源头的中国共产党人精神谱系，滋养着中华民族心灵家园。

“我们党之所以历经百年而风华正茂、饱经磨难而生生不息，就是凭着那么一股革命加拼命的强大精神。”习近平总书记语气坚定。

唯有精神上站得住、站得稳，一个民族才能在历史洪流中屹立不倒，一个政党才能始终挺立潮头。

新征程上，要以伟大建党精神鼓舞斗志、砥砺品格，汇聚起一往无前的磅礴力量。

往昔已展千重锦，明朝更进百尺竿。

我们坚信，中国共产党领导人民用伟大奋斗创造了光辉伟业，也一定能用新的伟大奋斗创造新的伟业。（新华社记者杨维汉、丁小溪、董博婷、王明玉、高蕾、王子铭、徐壮、宋晨、郭敬丹、李键）

坚持用改革精神管党治党

2024年6月27日召开的中共中央政治局会议鲜明提出“坚持用改革精神管党治党”。当天下午，习近平总书记在主持中共中央政治局第十五次集体学习时，又对进一步健全全面从严治党体系作出系统部署，强调“不断把新时代党的建设新的伟大工程推向前进”。

治国必先治党，党兴才能国强。

党的十八大以来，以习近平同志为核心的党中央坚持锐意进取，发扬敢为天下先的改革精神，深入推进党的建设制度改革，完善党的领导制度体系、健全全面从严治党体系、强化权力运行制约和监督，使党的面貌焕然一新，为党和国家事业取得历史性成就、发生历史性变革提供了坚强政治保证。

当前，世界之变、时代之变、历史之变正以前所未有的方式展开，更好肩负使命任务、创造新的伟业，必须一以贯之发扬改革精神，把党锻造得更加坚强有力。

坚持用改革精神管党治党，必须不断完善党的领导制度，确保党始终总揽全局、协调各方——

坚持党的领导，全面从严治党，是改革开放取得成功的关键和根本。

党的十八届三中全会开启了全面深化改革的大幕，对党建领域改革作出重大部署。中央全面深化改革领导小组下设的专项小组，就包括党的建设制度改革和纪律检查体制改革两个小组。

在国家制度和国家治理体系中，党是决定整个系统运行的关键。只有以改革精神建好强有力的领导“中枢”，才能以钉钉子精神抓好各领域重大改革举措落实。

将中国共产党领导这一“中国特色社会主义最本质的特征”载入党章和宪法；严格执行向党中央请示报告制度；强化党中央决策议事协调机构职能作用；出台《中共中央政治局关于加强和维护党中央集中统一领导的若干规定》等党内法规，党的全面领导更加制度化、规范化；深化党和国家机构改革，从机构职能上把加强党的领导落实到各领域、各环节；将党的领导融入意识形态工作、国有企业治理等各类工作全过程、各方面……

一系列创制性举措，推动横向到边、纵向到底的党的领导制度体系更加成熟更加定型。

踏上新征程，用改革精神完善党的领导制度体系，要切实把党的领导落实到改革发展稳定、内政外交国防、治党治国治军等各领域各方面各环节，把坚持和加强党的全面领导作为进一步全面深化改革的政治引领和政治保障，不断谱写新时代新征程改革开放新篇章。

坚持用改革精神管党治党，必须不断健全全面从严治党体系，全面推进党的自我净化、自我完善、自我革新、自我提高——

革故鼎新、守正创新。党的十八大以来，我们党把全面从严治党作为新时代党的建设的鲜明主题，提出一系列创新理念，实施一系列变革实践，健全一系列制度规范：

从纪律处分条例、问责条例，到关于新形势下党内政治生活的若干准则、党内监督条例，再到首部《中国共产党纪律检查委员会工作条例》，新时代制度治党进入“快车道”。

不断健全组织体系，坚持大抓基层的鲜明导向，实现党的组织和工作全覆盖，锻造忠诚干净担当的高素质干部队伍，使党的各级组织上下贯通、执行有力，党的领导“如身使臂、如臂使指”。

接续开展的党内集中教育和经常性教育，为广大党员干部补钙壮骨，淬炼锐利思想武器。

……

全面从严治党永远在路上，改革只有进行时没有完成时。

2024 年年 1 月召开的二十届中央纪委三次全会深刻阐述了习近平总书记关于党的自我革命的重要思想。会上，习近平总书记明确提出深入推进党的自我革命“九个以”的实践要求，其中之一正是“以健全全面从严治党体系为有效途径”。

党的二十大报告首次提出“健全全面从严治党体系”，这是强化管党治党全面系统布局、协同高效推进的重大举措。

在 2024 年 6 月 27 日中央政治局进行集体学习时，习近平总书记从健全组织体系、教育体系、监管体系、制度体系、责任体系等五方面，对进一步健全全面从严治党体系给出明确目标、作出系统部署。

踏上新征程，必须深入学习习近平总书记重要讲话精神，进一步健全全面从严治党体系，在实践中探索、在探索中深化，使全面从严治党各项工作更好体现时代性、把握规律性、富于创造性，不断把全面从严治党引向深入，做到管党有方、治党有力、建党有效。

坚持用改革精神管党治党，必须不断健全党统一领导、全面覆盖、权威高效的监督体系——

2023年11月30日，中央纪委国家监委网站发布消息："截至11月中旬，全国31个省（区、市）和新疆生产建设兵团市县一级监察官等级首次确定工作全面完成。"

这一工作的完成，标志着自2022年起推进的全国监察官等级首次确定工作圆满收官，国家监察体制改革迈出重要一步。

深化国家监察体制改革，目的是加强党对反腐败工作的统一领导，实现对所有行使公权力的公职人员监察全覆盖。

全覆盖，体现了动真碰硬的态度，更体现了制度治党的智慧。以体制机制创新为突破口，国家监察体制改革有效解决了过去监察范围过窄、反腐败力量分散、纪法衔接不畅等问题，不断推动改革形成的制度优势逐步转化为治理效能。

以纪律检查体制改革出招破局、统领牵引，以国家监察体制改革创制突破、提升效能，以纪检监察机构改革配套保障、协同推动……

党的十八大以来，在以习近平同志为核心的党中央坚强领导下，纪检监察"三项改革"有机融合、一体推进，体制机制制度的"四梁八柱"日渐稳固，为强化对权力的监督和制约提供有力支撑。

党的自我革命永远在路上，改革的步伐一刻不能停歇。健全党统一领导、全面覆盖、权威高效的监督体系，是涉及各类监督主体、监督职权、监督方式、监督制度的复杂系统工程。

踏上新征程，必须始终秉持鲜明的改革精神，坚持以习近平新时代中国特色社会主义思想为指导，坚持稳中求进、循序渐进，把监督有机融入党的建设之中、落实到党领导经济社会发展的全过程，不断健全中国特色社会主义监督制度，努力取得全面从严治党更大成效。

开新局于伟大的社会革命，强体魄于伟大的自我革命。

在以习近平同志为核心的党中央坚强领导下，坚持以改革精神管党治党，积极稳妥、扎实深入推进党的建设制度改革，不断增强党的创造力、凝聚力、战斗力，必将为全面深化改革和推进强国建设、民族复兴伟业提供坚强政治保证。（新华社记者王琦、孙少龙）

这座“戈壁油城”如何乘“云”而上？

“最荒凉的地方，却有最大的能量；最深的地层，喷涌最宝贵的溶液；最沉默的战士，有最坚强的心。克拉玛依，你是沙漠的美人。”

著名诗人艾青一首豪迈的《克拉玛依》，将克拉玛依石油工人艰苦奋斗的创业激情展现得生动传神，这座石油城市也从此获得“沙漠美人”的称号。

坐落于新疆准噶尔盆地西北缘的克拉玛依，维吾尔语意为“黑油”，1955 年作为新中国第一个大油田闻名全国。如今，这座“戈壁油城”正乘“云”而上，在祖国西北角实现从因“油”而兴到以“智”振兴的华丽蜕变。

在准噶尔盆地西部的茫茫戈壁上，目之所及，油井林立，数以千计的“磕头机”日夜钻探……当记者走进中国石油新疆油田分公司生产指挥中心，只见长 24 米的电子大屏上，显示着各个油井、管道的生产情况。这里被称作分公司数字化、智能化生产和管理的“智慧大脑”。

“我们三万多个油水井、三千多个注采计量站已经实现数据自动采集、作业远程控制、故障按需巡检。”中国石油新疆油田分公司数

★ 从空中俯瞰克拉玛依云计算产业园区（2021 年 8 月 13 日摄）。（新华社发　闵勇摄）

据公司规划设计中心主任王利君介绍。早在 1993 年，克拉玛依就正式提出信息化油田建设。2008 年，克拉玛依建成“数字油田”，把年产量超千万吨的油田“放到了计算机里”，完成了数字化的蜕变。新疆油田公司“数字油田”项目成为国家智能制造试点，通过实施油气生产物联网建设，物联网单井覆盖率已由 21% 提高至 89%，新疆油田正不断朝着能够全面感知、实时分析、科学决策、精准处置的方向发展。

2010 年，依托在油田信息化、城市信息化建设过程中形成的基础和优势，克拉玛依明确提出发展信息产业。近年来，克拉玛依积极发展数字经济，奋力“换道超车”。

距离中国石油新疆油田公司生产指挥中心数公里的克拉玛依云计算产业园区内，上万台机柜日夜不停，支撑着克拉玛依乘“云”而上。

走进位于产业园的新疆七色花信息科技有限公司，“新疆畜牧兽医大数据平台”后台大屏幕上闪烁着许多红色小坐标。点击放大，便会显示防疫人员实时上传的信息。借助平台系统还可以随时与户主、防疫人员进行电话联系。“这相当于在克拉玛依，可以‘管’全疆牛羊。”公司负责人马晶晶说。

“截至目前，园区累计落户企业及重点项目 160 余个，已建成多个大型数据中心，拥有 6 万余个数据机柜，平均使用率达 72%，规模位列我国西北前列。”克拉玛依市云计算产业园区管委会招商局局长王杨说。基于强大的数据处理能力，克拉玛依市云计算产业园区建成西北地区单体规模最大的影视动漫渲染基地，部署渲染节点达 20000 个，参与渲染影视剧作品 3000 余部。

克拉玛依云计算产业园已成功落地华为云服务数据中心、中国移动（克拉玛依）智算中心、新疆维吾尔自治区重要信息系统异地灾难备份中心等数据中心；开通西北地区第一条直达北上广的国际互联网专用通道；“天山云·中小企业云平台”向全疆推广，近 2000 家企业使用……云计算正成为推动克拉玛依市数字经济与实体经济深度融合的催化剂。

“过去有两个克拉玛依，一个是不毛之地的戈壁滩，还有一个是享誉全国的石油城。现在也有两个克拉玛依，一个是高楼林立的城市，另一个则是‘云端之城’。”王杨说。

数据显示，2023 年克拉玛依市实现数字经济核心产业增加值 7.4 亿元，增长 2.4%。数字经济已经成为这座“戈壁油城”的新名片，“沙漠美人”克拉玛依正乘“云”而上，加“数”奋进。（新华社记者顾煜）

扫码观看

《关键抉择》

第三章

确保改革开放沿着正确方向前进

确保改革开放沿着正确方向前进

——新时代全面深化改革的实践与启示述评之三

改革开放是一场深刻革命，必须坚持正确方向，沿着正确道路推进。

习近平总书记深刻指出，在方向问题上，我们头脑必须十分清醒，不断推动社会主义制度自我完善和发展，坚定不移走中国特色社会主义道路。

方向决定道路，道路引领未来。

党的十八大以来，以习近平同志为核心的党中央牢牢把握改革开放的前进方向，锚定全面深化改革总目标，不动摇、不偏轨、不折腾、不停顿，确保改革开放事业行稳致远，引领中国特色社会主义事业迸发出新的生机活力。

举旗定向——“我们的改革是在中国特色社会主义道路上不断前进的改革”

党的十八大闭幕不久，2012 年 12 月，习近平总书记首次赴地方考察就前往改革开放“得风气之先”的广东，并来到深圳莲花山公园向邓小平铜像敬献花篮，发出改革开放的新号令。

习近平总书记深刻总结历史经验，为新时代改革事业正本清源、举旗定向——

“我们的改革开放是有方向、有立场、有原则的。我们当然要高举改革旗帜，但我们的改革是在中国特色社会主义道路上不断前进的改革，既不走封闭僵化的老路，也不走改旗易帜的邪路。”

全面深化改革往什么方向走，这是一个带有根本性的命题。

党的十八大以来，习近平总书记高瞻远瞩、总揽全局，作出一系列重要论述，科学回答了一系列事关改革方向的重大理论和实践问题：

阐释改革历史定位，指明“改革开放是坚持和发展中国特色社会主义、实现中华民族伟大复兴的必由之路”。

指明改革目的任务，强调“通过全面深化改革，不断拓展中国特色社会主义道路，不断丰富中国特色社会主义理论体系，不断完善中国特色社会主义制度”。

廓清改革思想认识，指出“我们全面深化改革，不是因为中国特色社会主义制度不好，而是要使它更好”。

在习近平总书记指引下，全面深化改革始终沿着中国特色社会主义方向前进。

沿着中国特色社会主义方向前进，根本立场是坚持以人民为中心，全面深化改革必须以促进社会公平正义、增进人民福祉为出发点和落脚点。

习近平总书记明确要求：“把以人民为中心的发展思想体现在经济社会发展各个环节，做到老百姓关心什么、期盼什么，改革就要抓住什么、推进什么，通过改革给人民群众带来更多获得感。”

这一重大论断，具有极强的方向性，校正了“唯GDP”思维，彰显了以人民为中心的价值取向。

个人所得税改革持续惠及百姓民生、教育体制改革不断缩小地区和城乡差距、医药卫生体制改革向虚高药价“动刀”……一项项举措坚守共产党人初心使命，办群众最盼事、解人民最难题。

改革既要坚持人民至上的政治本色，也要增强政治定力，树牢底线思维。

2018年12月18日，北京人民大会堂，庆祝改革开放40周年大会隆重举行，习近平总书记发表重要讲话。

“改什么、怎么改必须以是否符合完善和发展中国特色社会主义制度、推进国家治理体系和治理能力现代化的总目标为根本尺度”“不该改的、不能改的坚决不改”。习近平总书记掷地有声的话语，进一步明确了全面深化改革的底线原则。

什么是不该改的、不能改的？

坚持党的全面领导、坚持马克思主义、坚持中国特色社会主义道路、坚持人民民主专政等根本的东西绝对不能动摇。对此，我们态度坚决、行动有力。

明确坚持党的全面领导是坚持和发展中国特色社会主义的必由之路，将党的全面领导融入机构改革、国有企业治理、高校领导体制、群团组织建设等各类工作全过程。

确立和坚持马克思主义在意识形态领域指导地位的根本制度，健全意识形态工作责任制，推动全党动手抓宣传思想文化工作。

深化社会主义市场经济体制改革，毫不动摇地巩固和发展公有制经济，毫不动摇地鼓励、支持、引导非公有制经济发展。

健全人大组织制度、选举制度和议事规则等，不断完善人民代表大会制度这一根本政治制度。

……

党的十八大以来，志不改、道不变的决心，体现在全面深化改革事业的方方面面。

今天，致力于在新征程上谱写改革开放新篇章，新时代中国坚持改革的方向、立场、原则，将发展进步的命运牢牢掌握在自己手中。

纲举目张——“完善和发展中国特色社会主义制度，推进国家治理体系和治理能力现代化”

2013年11月12日，人民大会堂，具有划时代意义的党的十八届三中全会胜利闭幕。

大会通过了《中共中央关于全面深化改革若干重大问题的决定》，首次提出全面深化改革的总目标：完善和发展中国特色社会主义制度，推进国家治理体系和治理能力现代化。

中国特色社会主义是改革开放以来党的全部理论和实践的主题。党的十八大以来，以习近平同志为核心的党中央团结带领全党全国各族人民，不断挥写完善和发展“中国之制”新画卷，破解国家治理体系和治理能力现代化这一重大课题，将改革开放事业引向更加壮阔的航程。

冲破障碍、突破藩篱，激发党和国家事业新活力——

处理好政府和市场的关系是经济体制改革的核心问题。党的十八大以来，我们充分发挥市场在资源配置中的决定性作用，更好发挥政府作用，瞄准束缚市场活力的条条框框深化经济体制改革，各类市场主体活力充分迸发。

平均每天超过2.7万家企业诞生，超过8万辆汽车下线，超过350亿元商品在网上售出，超过3亿个快递包裹寄送……今天的中国大市场，气象万千、生机勃勃。

以经济体制改革为牵引，全面深化改革冲破思想观念束缚，突破利益固化藩篱，坚决破除各方面体制机制弊端：重拳正风肃纪反腐，一体推进党的纪检体制改革、国家监察体制改革、纪检监察机构改革；向“和平积弊”开刀，人民军队体制一新、结构一新、格局一新、面貌一新；解决金钱案、人情案等问题，司法改革深入开展……

真刀真枪抓改革，动真碰硬求实效，推动中国特色社会主义事业不断焕发新活力、取得新成就。

夯基垒台、立柱架梁，中国特色社会主义制度日益成熟定型——

2023年5月18日，国家金融监督管理总局正式挂牌，金融监管机构改革迈出重要一步。

组建中央金融委员会、组建中央金融工作委员会、组建国家金融监督管理总局、深化地方金融监管体制改革……新一轮党和国家机构改革进一步加强党中央对金融工作的集中统一领导，深化金融监管体系改革，确保走中国特色金融发展之路。

小智治事，大智治制。习近平总书记指出，我们说坚定制度自信，不是要固步自封，而是要不断革除体制机制弊端，让我们的制度成熟而持久。

党的领导制度体系、人民当家作主制度体系、中国特色社会主义法治体系、中国特色社会主义行政体制、社会主义基本经济制度……党的十九届四中全会专题研究制度建设，以13个方面制度体系系统描绘了中国特色社会主义的制度图谱，奠定“中国之治”的制度基石。

在全面深化改革大潮中，习近平总书记带领全党突出制度建设这条主线，不断健全制度框架，筑牢根本制度、完善基本制度、创新重要制度，推动许多领域实现历史性变革、系统性重塑、整体性重构。

蹄疾步稳、积厚成势，开辟“中国之治”新境界——

2020年5月28日，十三届全国人大三次会议表决通过《中华人民共和国民法典》。

这部具有中国特色、体现时代特点、反映人民意愿的民法典，在新时代中国特色社会主义事业奋斗征程上竖起又一座法治丰碑，助推“中国之治”跃上更高境界。

完善和发展以宪法为核心的中国特色社会主义法律体系，努力建设法治中国；以愈加成熟的社会主义民主政治制度，推动实现最广泛、最真实、最管用的民主；不断解放和发展社会生产力，满足人民过上美好生活的新期待；通过越来越完善的对外开放制度，深度融入全球经济发展……

从历史性地解决绝对贫困问题到有效应对重大自然灾害，从稳妥处理突发风险事件到积极应对世界百年未有之大变局，实践一次次证明，“中国之治”蕴含着无限生机活力，为政治稳定、经济发展、文化繁荣、民族团结、人民幸福、社会安宁、国家统一提供着有力保障。

守正创新——“这一次改革，我们将紧扣推进中国式现代化主题”

2024 年 5 月，习近平总书记在山东济南主持召开企业和专家座谈会并发表重要讲话指出：“改革开放后，党的历届三中全会都是研究改革。这一次改革，我们将紧扣推进中国式现代化主题。”

中国式现代化是中国共产党领导的社会主义现代化，党的领导是进一步全面深化改革、推进中国式现代化的根本保证。

进一步全面深化改革，必须坚持党的全面领导，坚定维护党中央权威和集中统一领导，发挥党总揽全局、协调各方的领导核心作用，把党的领导贯穿改革各方面全过程，确保改革始终沿着正确政治方向前进。

顺应时代发展新趋势——

当前，世界百年未有之大变局全方位、深层次加速演进，我国发展进入战略机遇和风险挑战并存、不确定难预料因素增多的时期，对新时代改革提出了新要求。

站在新的历史起点，面对以中国式现代化全面推进强国建设、民族复兴伟业的关键时期，唯有继续自强不息、自我革新，坚定不移全面深化改革，敢于向顽瘴痼疾开刀，勇于突破利益固化藩篱，把全面深化改革作为推进中国式现代化的根本动力，方能赢得优势、赢得主动、赢得未来。

顺应实践发展新要求——

从提出“新质生产力”这一重大概念，到 2023 年底中央经济工作会议部署“发展新质生产力”，再到 2024 年初中央政治局集体学习时进行系统阐述，习近平总书记就发展新质生产力作出一系列重要论述、重大部署。

新质生产力代表先进生产力的演进方向。面对实践发展新要求，必须进一步全面深化改革，形成与新质生产力相适应的新型生产关系，为高质量发展注入强劲动能。

顺应人民群众新期待——

2024 年 2 月，党的十八大以来第 12 个指导“三农”工作的中央一号文件公布。汲取习近平总书记在浙江工作时亲自谋划推动的“千村示范、万村整治”工程经验，这份文件提出集中力量抓好办成一批群众可感可及的实事，绘就宜居宜业和美乡村新画卷。

为了人民而改革，改革才有意义；依靠人民而改革，改革才有动力。

当前，人民对美好生活的向往更加强烈，人民群众的需要呈现多样化多层次多方面的特点。要从人民的整体利益、根本利益、长远利益出发谋划和推进改革，多推出一些民生所急、民心所向的改革举措，多办一些惠民生、暖民心、顺民意的实事，使改革能够让人民群众有更多获得感、幸福感、安全感。

循大道，至万里。

在以习近平同志为核心的党中央坚强领导下，始终沿着中国特色社会主义道路奋力前行，以进一步全面深化改革开辟中国式现代化广阔前景，中华民族必将迎来更加光明的未来。（新华社记者林晖、王子铭、王鹏、徐壮）

将新时代改革开放进行到底

——从72次中央深改委（领导小组）会议读懂习近平的改革之道

党的十八大以来，从中央全面深化改革领导小组，到中央全面深化改革委员会，习近平总书记主持召开72次重要会议，引领波澜壮阔、气象万千的改革航程。

这是改革的催征鼓点。72次中央深改委（领导小组）会议锚定全面深化改革总目标进行顶层设计，审议通过超过600份改革文件，指引各方面出台3000多项改革方案，展现了习近平总书记逢山开路、遇水架桥的改革精神和不断发展、日臻精深的改革之道。

掌舵定向："坚定不移朝着全面深化改革目标前进"

夏日的中国，涌动改革的热潮。

2024年6月11日，北京中南海，习近平总书记主持召开二十届中央全面深化改革委员会第五次会议。

会议审议通过了《关于完善中国特色现代企业制度的意见》《关于健全种粮农民收益保障机制和粮食主产区利益补偿机制的指导意

见》《关于建设具有全球竞争力的科技创新开放环境的若干意见》等一系列改革文件，直指经济社会发展的一些重点难点问题，推动改革精准发力、落地生效。

10 年多来，这样的会议，习近平总书记主持召开了 72 次。总体设计、统筹协调、整体推进、督促落实，习近平总书记掌舵领航，中国改革航船沿着正确航线向更深水域、更广天地前进。

2013 年 11 月，党的十八届三中全会召开，擘画了新时代全面深化改革的蓝图：

提出“完善和发展中国特色社会主义制度，推进国家治理体系和治理能力现代化”的总目标，勾勒全面深化改革的“四梁八柱”，明确任务书、时间表、施工图，336 项改革举措涵盖方方面面。

此时的中国，经济社会发展正在跨越新的重要关口：经济长期高速增长过程中积累的一系列深层次矛盾不断积聚，发展不平衡不充分问题日益突出；新一轮科技革命和产业变革浪潮下的国际竞争形势逼人，逆全球化、贸易保护主义沉渣泛起……推进全面深化改革的复杂程度、艰巨程度、敏感程度，可想而知。

致广大而尽精微。越是庞大复杂的工程，越是需要精确定向、周密部署、扎实落实。

党的十八届三中全会召开后一个多月，2013 年 12 月，中国共产党历史上第一次在党中央层面设置专司改革工作的领导机构——中央全面深化改革领导小组。习近平总书记亲自挂帅，担任组长。

对于这一机构的责任，习近平总书记阐明要旨：“就是要把党的十八届三中全会提出的各项改革举措落实到位。”

党的十九届三中全会后，中央全面深化改革领导小组改为中央全面深化改革委员会。习近平总书记仍亲任主任。这一机构职能更加全面、组织更加健全、运行更加稳定，形成统揽改革开放的坚强中枢，汇聚最为广泛的改革力量。

船载千钧，掌舵一人。在全面深化改革这场深刻的社会变革中，习近平总书记始终把重任扛在肩上：

深远谋划，为改革纵深推进提供科学指引；系统部署，研究制定重大改革议题；亲力亲为，认真审阅修改重大改革方案，引领督促每一项改革落地见效……

回望来时路，中国改革开放从来都是在党中央集中统一领导下，沿着中国特色社会主义道路坚定前行。

进入新时代，改革举什么旗、走什么路？为什么改、为谁改、怎么改？习近平总书记指明方向——

2014 年 1 月，十八届中央全面深化改革领导小组第一次会议上，习近平总书记就指出："坚定不移朝着全面深化改革目标前进""要牢牢把握改革正确方向"。

2017 年 11 月，习近平总书记主持召开的十九届中央全面深化改革领导小组第一次会议，以三个"不能变"标定改革方向："无论改什么、改到哪一步，坚持党对改革的集中统一领导不能变，完善和发展中国特色社会主义制度、推进国家治理体系和治理能力现代化的总目标不能变，坚持以人民为中心的改革价值取向不能变。"

2023 年 4 月，二十届中央全面深化改革委员会第一次会议上，习近平总书记强调，"要把全面深化改革作为推进中国式现代化的根本动力”。

思想在伟大变革中升华。

习近平总书记以马克思主义政治家、思想家、战略家的深刻洞察力、敏锐判断力、理论创造力，提出关于全面深化改革的一系列新思想、新观点、新论断，为新时代的中国拓开改革的大格局、厘清改革的大逻辑——

关于改革和开放：“以开放促改革、促发展，是我国改革发展的成功实践。改革和开放相辅相成、相互促进，改革必然要求开放，开放也必然要求改革”；

关于改革和发展：“发展前进一步就需要改革前进一步，改革不断前进也能为发展提供强劲动力”“推动改革和发展深度融合、高效联动”；

关于改革和法治：“凡属重大改革都要于法有据”“全面深化改革需要法治保障，全面推进依法治国也需要深化改革”“在法治下推进改革、在改革中完善法治”；

……

进入深水区的改革，尤其难在冲破思想观念的障碍，难在突破利益固化的藩篱。

72 次会议不仅指明进军的方向，更是擂响出征的战鼓——

紧紧围绕处理好政府和市场的关系这一核心问题，深化经济体制改革，从现实需要出发，从最紧迫的事情抓起，着力打通制约高质量发展的堵点、卡点；

着眼中华民族永续发展，深化生态文明领域改革，改革干部考核制度，开展中央生态环保督察，打好蓝天碧水净土保卫战；

以“得罪千百人、不负十四亿”的担当，深化党的纪律检查和国家监察体制改革，推进全面从严治党，为全面深化改革营造良好政治生态；

……

10年多来，72次会议部署一系列重大改革事项，构建起制度建设的“四梁八柱”，推动内政外交国防、治党治国治军各项改革不断打开新局面、迈上新台阶。

“新时代10年，我们推动的改革是全方位、深层次、根本性的，取得的成就是历史性、革命性、开创性的。”2023年4月，习近平总书记主持召开的二十届中央全面深化改革委员会第一次会议上的凝练总结，再一次印证了这一重大论断——

“党的十一届三中全会是划时代的，开启了改革开放和社会主义现代化建设新时期。党的十八届三中全会也是划时代的，实现改革由局部探索、破冰突围到系统集成、全面深化的转变，开创了我国改革开放新局面。”

精准指引：“改革开放是前无古人的崭新事业，必须坚持正确的方法论”

改革有破有立，得其法则事半功倍。

党的十八大以来，以习近平同志为核心的党中央立足新时代改革实践，不断深化对改革规律的认识，形成了改革开放以来最丰富、最全面、最系统的改革方法论，为全面深化改革提供了科学指导和行动指南。

从“加强对跨区域跨部门重大改革事项协调”，到“试点是改革的重要任务，更是改革的重要方法”，再到“以全局观念和系统思维谋划推进改革”……历次会议中，一系列行之有效的改革方法令人耳目一新，并在实践中确保全面深化改革精准发力、精准落地。

坚持问题导向，以调研开路，用改革破题——

“改革要坚持从具体问题抓起”“在是否解决了突出问题上下功夫”“制定实施方案直奔问题去”……会议多次强调这一重要方法。

“奔着问题去，跟着问题走”，一次次会议、一项项部署也正是以问题为抓手，让改革有的放矢、纵深推进：

针对唯分数论、一考定终身等事关亿万学生前途的问题，研究审议关于深化考试招生制度改革的实施意见，部署各地启动高考综合改革，形成分类考试、综合评价、多元录取的考试招生模式，中国特色现代教育考试招生制度基本建立；

为解决人民群众反映强烈的“立案难”问题，改革人民法院案件受理制度，变立案审查制为立案登记制，改进工作机制、加强责任追究，推动“有案必立、有诉必理”，保障当事人诉权，为老百姓打开一条通往公平正义的便捷之门；

剑指企业群众办事难、办事慢、多头跑、来回跑等突出问题，深入推进审批服务便民化，围绕直接面向企业群众、依申请办理的行政审批和公共服务事项，推动审批服务理念、制度、作风全方位深层次变革，改出了政务服务的温度，改到了群众心坎上……

在分析问题、解决问题的过程中，以问题为导向的改革方法论更加鲜明。

问题是时代的声音，调查研究是破题之道。

2020 年 4 月 21 日，在陕西考察的习近平总书记来到平利县老县镇卫生院。

在《安康市城乡居民医疗保险政策一览表》前，总书记驻足察看，详细询问了报销政策等很多细节问题。

6 天后，习近平总书记主持召开十九届中央全面深化改革委员会第十三次会议，审议通过了《关于推进医疗保障基金监管制度体系改革的指导意见》。会议强调，“医保基金是人民群众的‘看病

★ 车辆驶出中国（黑龙江）自由贸易试验区黑河片区大门（2023 年 2 月 11 日摄，无人机照片）。（新华社记者谢剑飞摄）

钱’‘救命钱’，一定要管好用好”。

尊重首创精神，坚持顶层设计与实践探索相结合——

2019 年 7 月，十九届中央全面深化改革委员会第九次会议审议通过《关于支持深圳建设中国特色社会主义先行示范区的意见》。次年 10 月，深圳经济特区建立 40 周年庆祝大会上，习近平总书记部署深圳实施综合改革试点，要求深圳“建设好中国特色社会主义先行示范区”。

5 年来，对标高质量发展高地、法治城市示范、城市文明典范、民生幸福标杆、可持续发展先锋“五大战略定位”，先行示范区建设正在深圳这片改革热土上加快推进。

2024 年 6 月，深圳市发布 2024 年优化市场化、法治化、国际化营商环境工作方案，拿出了持续优化营商环境改革新的年度“施工图”。

改革必须推动顶层设计和基层探索良性互动。

习近平总书记多次在会议上强调“要牢固树立改革全局观，顶层设计要立足全局，基层探索要观照全局”“发挥好试点对全局性改革的示范、突破、带动作用”“坚持顶层设计和摸着石头过河相协调”。

部署设立 22 个自由贸易试验区，形成覆盖东西南北中的试点格局；推行国务院部门权力和责任清单编制试点；开展承担行政职能事业单位改革试点……一块块全面深化改革的试验田，播下良种、精耕细作，将更多制度创新成果推向全国。

注重系统集成，坚持以全局观念和系统思维谋划推进——

从前期夯基垒台、立柱架梁，到中期全面推进、积厚成势，再到现阶段加强系统集成、协同高效，全面深化改革愈加强调把握各项改革的相互关系和耦合作用，在目标上相互配合、在实施中相互促进、在效果上相得益彰。

对此，会议有着许多精辟阐述：“注重系统性、整体性、协同性是全面深化改革的内在要求，也是推进改革的重要方法”“要准确把握改革内在联系，提高改革系统集成能力”“推进改革要树立系统思想，推动有条件的地方和领域实现改革举措系统集成”……

系统集成，就不能“九龙治水、各管一头”“头痛医头、脚痛医脚”，而要推动各领域各方面改革同向发力，做到“十个指头弹钢琴”。

推动经济、政治、文化、社会、生态文明、党的建设、国防和军队等各领域各方面改革相结合；促使理论创新、制度创新、科技创新、文化创新以及其他各方面创新相衔接；抓好改革方案协同、改革落实协同、改革效果协同……正是由于坚持全局筹划、统筹兼顾，各项改革发生“化学反应”，持续释放改革效能。

人民至上：“老百姓关心什么、期盼什么，改革就要抓住什么、推进什么”

曾经，一纸户籍，在城乡间划出一道“鸿沟”。

2014 年 6 月，习近平总书记主持召开十八届中央全面深化改革领导小组第三次会议。《关于进一步推进户籍制度改革的意见》，摆上了中南海的议事案头。

习近平总书记在会上强调："推进人的城镇化重要的环节在户籍制度，加快户籍制度改革，是涉及亿万农业转移人口的一项重大举措。"

自此，户籍制度改革按下"加速键"：破难题、蹚新路，统一城乡户口登记制度，全面实施居住证制度，1.4 亿农业转移人口落户城镇，全国户籍人口城镇化率达到 48.3%，逐步打破城乡二元对立，让更多奋斗者找到温暖归属。

"只要有利于增加人民群众获得感，就坚决地破、坚决地改"，改革价值取向始终鲜明。

人民有所呼，改革有所应。

72 次会议的公开报道中，"人民"和"群众"分别出现了 200 多次和 100 多次。一件件关乎百姓的大小事，被列入会议议程，成为改革的关注点、发力点。

——使改革精准对接发展所需、基层所盼、民心所向。

"集采前要 68 元一支，降价后一支只要 20 元。"对于患糖尿病多年的湖南患者谭赛喜而言，胰岛素是日常必需的药物。如今通过专项集采，胰岛素价格降了下来，还可以通过特殊门诊报销 70%，为他减轻很大负担。

悠悠民生，健康为大。

多次会议将深化医卫改革的议题列入议程。其所触及的，不仅有深化公立医院改革、整合城乡居民基本医疗保险制度这样的整体性改革，也有加强儿科医务人员培养和队伍建设、推进家庭医生签约服务等具体安排，还有福建三明医改等经验示范。

多谋民生之利、多解民生之忧。正如习近平总书记所说，“老百姓关心什么、期盼什么，改革就要抓住什么、推进什么”。

垃圾分类、环境保护、法律援助、养老托育、教育减负……一份份改革文件获得通过，一项项制度安排渐次落地，事关民生福祉的改革被放在更加突出位置，更好地回应了人民群众的急难愁盼。

——依靠人民群众的支持和参与书写改革新篇章。

“要充分调动各方面积极性，改革任务越繁重，我们越要依靠人民群众支持和参与”“善于从人民的实践创造和发展要求中完善改革的政策主张”……

2014 年 1 月，习近平总书记在十八届中央全面深化改革领导小组第一次会议上的一席话，深刻揭示了亿万人民是全面深化改革的力量之源、智慧之源。

壮阔的改革进程中，认识上的每一次突破和进展，实践中的每一个创造和积累，无不源于人民群众的拼搏奋斗和聪明才智。

2016 年底，浙江提出“最多跑一次”，开始了政务服务改革历程。从理念化为实践，“最多跑一次”成为中央深改委（领导小组）会议上审议讨论的典型经验，在全国各地推广开来、创新发展。

“正确的道路从哪里来？从群众中来。”习近平总书记这样强调。要求“尊重基层群众实践”“发动群众参与改革，引导社会支持改革”，指出“改革创新最大的活力蕴藏在基层和群众中间”，一次次会议释放明确信号，引领改革找准开启人民伟力的金钥匙。

——把人民群众的获得感作为改革成效的评价标准。

2015 年 2 月，十八届中央全面深化改革领导小组第十次会议上，

★ 在湖南省长沙市天心区的湖南师大附中双语实验学校，一年级学生在趣味闯关活动中展示自己的闯关卡片（2024 年 1 月 18 日摄）。（新华社记者陈泽国摄）

习近平总书记突出强调了改革的“获得感”问题。

总书记指出，处理好改革“最先一公里”和“最后一公里”的关系，突破“中梗阻”，防止不作为，把改革方案的含金量充分展示出来，让人民群众有更多获得感。

此后的多次会议对此作出深入的阐释：“把是否促进经济社会发展、是否给人民群众带来实实在在的获得感，作为改革成效的评价标准”“要把有利于增强人民群众获得感的改革放到更加突出位置来抓”……

良好生态环境是最普惠的民生福祉。

“十三五”以来全国地级及以上城市细颗粒物（PM2.5）平均

浓度累计下降 28.6%，全国地表水优良水质断面比例“八连升”至 89.4%，全国受污染耕地和重点建设用地安全利用得到有效保障。

成绩单背后，是一系列有力的改革举措：建立环保督察工作机制，深入打好污染防治攻坚战，健全生态保护补偿机制，编制重点生态功能区产业准入负面清单，划定并严守生态保护红线……调查显示，老百姓对生态环境的满意度超过 90%。

保障和改善民生没有终点，只有连续不断的新起点。

“更好的教育、更稳定的工作、更满意的收入、更可靠的社会保障、更高水平的医疗卫生服务、更舒适的居住条件、更优美的环境”，习近平总书记用心回应人民的期盼。

一件接着一件办，一年接着一年干，以人民为中心的发展思想在全面深化改革中绽放更加耀眼的光芒。

担当实干：“既当改革促进派、又当改革实干家，以钉钉子精神抓好改革落实”

2016 年 2 月 23 日，农历元宵节刚过，习近平总书记主持召开十八届中央全面深化改革领导小组第二十一次会议。

这次会议没有安排审议新的改革方案，而是听取 10 项改革推进落实情况汇报。习近平总书记在讲话中一连讲了三个“抓”：“盯着抓、反复抓，直到抓出成效。”

“把抓改革作为一项重大政治责任，坚定改革决心和信心，增强推进改革的思想自觉和行动自觉，既当改革促进派、又当改革实干家，以钉钉子精神抓好改革落实”，总书记斩钉截铁地说。

改革争在朝夕，落实难在方寸。

72 次会议中，“落实”一词贯穿始终，在公开报道里共出现 300 多次。会议多次专题听取重大改革落实情况汇报，重点了解改革举措落实情况，部署改革推进的步骤和次序。

回望新时代全面深化改革历程，抓落实是要求，是行动，更是改革制胜之道。

挺膺担当、迎难而上——“真刀真枪、大刀阔斧，涉险滩、动奶酪、啃硬骨头。”

2014 年 2 月，习近平主席在索契接受俄罗斯电视台专访时指出：“中国改革经过 30 多年，已进入深水区，可以说，容易的、皆大欢喜的改革已经完成了，好吃的肉都吃掉了，剩下的都是难啃的硬骨头。”

农村改革，就是“难啃的硬骨头”之一。

2016 年 4 月，习近平总书记来到农村改革主要发源地安徽小岗村。在“当年农家”院落，他俯身察看当年 18 户村民按下红手印的大包干契约，感慨不已。

4 个月后，十八届中央全面深化改革领导小组第二十七次会议审议通过《关于完善农村土地所有权承包权经营权分置办法的意见》，直指农村土地所有权制度与当前农村经济社会发展新形势不适应的难题。

不只农村改革，司法体制改革、院士制度改革、中央管理企业负责人薪酬制度改革……一项项涉及深层次利益调整、多年未有进

★ 在位于乌蒙山区腹地的贵州省毕节市纳雍县，村民马雍（右五）与妻子黄国琴（左五）在吃年夜饭时与大家干杯（2021 年 2 月 11 日摄）。（新华社记者欧东衢摄）

展的改革在历次会议推动下持续突破。

既挂帅又出征，以精准扶贫方略，带领全党全国各族人民打赢了一场历时 8 年的脱贫攻坚战；多次作出重要指示批示，掀起祁连山等多地生态问题整治风暴，并亲自考察验收整治效果；针对政法领域权力制约监督不到位等突出问题，推进政法领域改革，抓紧完善权力运行监督和制约机制……

习近平总书记率先垂范，以实际行动践行“把改革抓在手上、落到实处、干出成效”“使各项改革都能落地生根”，引领全面深化改革走深走实。

跟踪问效、推动落实——“做到改革推进到哪里、督察就跟进到哪里。”

2020年7月，浙江金华，一场“改革督察员”聘请会议引人关注。

由企业主、群众代表、基层代办员、新闻工作者等组成的第一期35位改革督察员正式“上岗”。他们将发挥专业所长，紧盯重要领域、关键环节和重点项目，精准发现问题，推动改革不断深化。

中央改革办专门成立督察局，专司改革方案督检之责；浙江探索建立特约改革督察员（观察员）制度，山东建立重点改革任务挂牌督办机制，湖南不断健全改革督察统筹联动机制……

10年多来，督察工作和全面深化改革各项工作紧密协同，始终是党中央狠抓改革落实的重要手段。

2014年9月，十八届中央全面深化改革领导小组第五次会议召开。

“要调配充实专门督察力量，开展对重大改革方案落实情况的督察，做到改革推进到哪里、督察就跟进到哪里。”习近平总书记在会上发表重要讲话，明确提出要高度重视改革方案的制定和落实工作，“严把改革督察关”。

提出“要抓督察落实，强化督察职能，健全督察机制”，明确“既要督任务、督进度、督成效，也要察认识、察责任、察作风”，强调“下更大气力抓好改革督察工作”……一次次会议围绕改革督察作出明确要求，推动各地区各部门将改革落到实处。

压实责任、形成合力——“建立全过程、高效率、可核实的改革落实机制。”

★ 浙江省杭州市临安区昌化镇的党员志愿者在昌化溪打捞漂浮物，保持河面清洁美观（2023年3月14日摄，无人机照片）。（新华社记者徐昱摄）

“每条河流要有‘河长’了”，习近平总书记在2017年新年贺词中提到了这个好消息。

此前不久召开的十八届中央全面深化改革领导小组第二十八次会议审议通过《关于全面推行河长制的意见》。随后，中共中央办公厅、国务院办公厅印发了该意见。

一层抓一层，层层抓落实。

从各地党政主要负责同志主动将河湖作为自己的责任田，到企业、校园、社区涌现一批“民间河长”……2018年6月底，我国全面建立河长制；半年后，湖长制全面建立；2022年，在南水北调工程全面推行河湖长制。

“河长制”带来“河长治”，正是压实各级责任、形成各方合力、建立落实机制的生动例证。

多次会议强调：要遵循改革规律和特点，建立全过程、高效率、可核实的改革落实机制；推动落实主体责任，建立健全科学合理的改革评价机制；要盯责任主体，抓“关键少数”……

“党政主要负责同志是抓改革的关键，要把改革放在更加突出位置来抓，不仅亲自抓、带头干，还要勇于挑最重的担子、啃最硬的骨头，做到重要改革亲自部署、重大方案亲自把关、关键环节亲自协调、落实情况亲自督察，扑下身子，狠抓落实。”2017 年 2 月，习近平总书记在十八届中央全面深化改革领导小组第三十二次会议上的重要讲话掷地有声。

压实责任明确“人”、动态监测精准“督”、追责问效科学“评”，从中央到地方，全链条改革落实闭环机制逐步建立完善。

积小胜为大胜，积跬步至千里。如今，党的十八届三中全会确定的改革任务已总体完成。

新加坡《联合早报》曾经评价，环顾世界，没有一个国家能够像当今中国这样，以一种说到做到、只争朝夕的方式全面推进改革进程。

永不止步：“在新征程上谱写改革开放新篇章”

发展永无止境，改革不会停步。

“实现新时代新征程的目标任务，要把全面深化改革作为推进中国式现代化的根本动力，作为稳大局、应变局、开新局的重要抓手，把准方向、守正创新、真抓实干，在新征程上谱写改革开放新篇章。”

2023 年 4 月，在党的二十大闭幕后召开的第一次中央全面深化改革委员会会议上，习近平总书记鲜明定调。

开启新的征程，中国如何谋划进一步全面深化改革新蓝图举世关注，中央深改委会议无疑是一扇重要的观察窗口。

紧扣“以中国式现代化全面推进强国建设、民族复兴伟业”这一新时代最大的政治，明确要坚持用改革开放“解决发展中的问题、应对前进道路上的风险挑战”；

“要科学谋划进一步全面深化改革重大举措，聚焦妨碍中国式现代化顺利推进的体制机制障碍，明确改革的战略重点、优先顺序、主攻方向、推进方式”；

坚持以开放促改革、促发展，建设更高水平开放型经济新体制，积极主动把我国对外开放提高到新水平……

中央深改委会议不断传递出新的改革强音，宣示“改革不停顿、开放不止步”的坚定决心。

与此同时，中央深改委会议接连出台一系列重大改革举措，面向未来运筹帷幄，在重点领域布局落子。

审议通过《关于加强基础学科人才培养的意见》《关于完善科技激励机制的若干意见》《关于健全社会主义市场经济条件下关键核心技术攻关新型举国体制的意见》《关于强化企业科技创新主体地位的意见》《关于加快形成支持全面创新的基础制度的意见》《关于建设具有全球竞争力的科技创新开放环境的若干意见》……顺应

新一轮科技革命和产业变革浪潮，一系列改革新举措推动加快形成新质生产力。

党的二十届三中全会大幕开启，进一步全面深化改革大潮澎湃。

“逢山开路，遇水架桥，敢于向顽瘴痼疾开刀，勇于突破利益固化藩篱，将改革进行到底”，习近平总书记的重要论述精神一以贯之，彰显中国无比坚定的改革决心和信心。

今天的中国，奋进的脚步越发铿锵。发展与改革融合激荡，汇聚起推进强国建设、民族复兴伟业的磅礴力量。

上下同欲者胜。勇立改革潮头，弘扬改革精神，将党的意愿与人民意愿相统一，将党的行动和广大人民心声相结合，进一步全面深化改革必然成功，也一定能够成功！（新华社记者邹伟、韩洁、谢希瑶、丁小溪、严赋憬）

在新征程上谱写改革开放新篇章

历史的巨笔，常在关键处落墨；伟大的征途，总在开拓中奋进。

盛夏时节，万物蓬勃。即将召开的党的二十届三中全会，重点研究进一步全面深化改革、推进中国式现代化问题，对围绕中国式现代化进一步全面深化改革作出总体部署。

风雨兼程，大道无垠。在强国建设、民族复兴的新征程上，新时代中国共产党人坚定不移高举改革开放伟大旗帜，汇聚起亿万中国人民的智慧和力量，必将谱写改革开放新篇章，创造令世人刮目相看的新奇迹！

一

太空再次闪耀中国红！不久前，嫦娥六号在人类历史上首次实现月球背面采样返回。这是我国建设航天强国、科技强国取得的又一标志性成果。

探月工程的新高度，背后是科技体制改革不断深化的力度。通过深化改革，激发各方面创新活力，集聚国家战略科技力量合力攻坚，充分发挥新型举国体制优势，中国走出了一条高质量、高效益的月球探测之路。以改革之火点燃创新引擎，科技领域的“中国式浪漫”不断震撼世人：“嫦娥”揽月、“天和”驻空、“天问”探火、“地壳一号”挺进地球深处、“奋斗者号”探万米深海……

拉长视角，更能读懂改革开放之于当代中国发展进步的重要意义。党的十八届三中全会以来，以习近平同志为核心的党中央以巨大的政治勇气和智慧、前所未有的决心和力度，领导全党全国人民冲破思想观念的束缚，突破利益固化的藩篱，坚决破除各方面体制机制弊端，积极应对外部环境变化带来的风险挑战，开启了气势如虹、波澜壮阔的全面深化改革进程。

10 多年来，全面深化改革是全方位、深层次、根本性的，实现

★ “探索一号”科考船搭载“奋斗者号”全海深载人潜水器返回海南三亚（2024年3月28日摄）。此次科考历时 50 天，顺利完成中国—印度尼西亚爪哇海沟联合深潜任务。（新华社发　沙晓峰摄）

改革由局部探索、破冰突围到系统集成、全面深化的转变。看广度，2000 多个改革方案覆盖经济、政治、文化、社会、生态文明、党的建设、国防和军队等各个领域，改革的系统性、整体性、协同性显著提升；看深度，关键领域改革步入深水区，有效破解重大体制机制问题、深层次矛盾和问题；看力度，敢于啃硬骨头，敢于涉险滩，许多领域实现历史性变革、系统性重塑、整体性重构；看温度，历史性地解决了绝对贫困问题，建成世界上规模最大的教育体系、社会保障体系、医疗卫生体系，人民生活全方位改善；看开放度，设立 22 个自贸试验区，不断缩减外资准入负面清单，免签“朋友圈”持续扩容，成为 140 多个国家和地区的主要贸易伙伴，对世界经济

★ 在广西桂林市龙胜各族自治县龙胜镇第二小学，一名老师在指导学生们练习多耶舞蹈动作（2024 年 6 月 26 日摄）。（新华社记者李尕摄）

增长年均贡献率超过 30%……

山河为卷，改革为笔，画出更新更美的图画。全面深化改革，淬炼了发展亮色，彰显了政治本色，提升了治理成色，增添了生态绿色，厚植了为民底色，在中华大地上描绘出“无边光景一时新”的壮阔图景。

改革开放是当代中国最显著的特征、最壮丽的气象。通过全面深化改革，各领域基础性制度框架基本建立，中国特色社会主义制度更加成熟更加定型，国家治理体系和治理能力现代化水平明显提高，党和国家事业焕发出新的生机活力，中国式现代化展现出光明前景。

在深圳市委大院门前，埋头奋蹄的铜雕“拓荒牛”充满力量，彰显改革者敢为人先、干事创业的精气神；在雄安新区雄狮公园内，威武大气的石雕“雄安狮”眺望“一带一路”主题广场，展现着新时代中国拥抱世界的博大胸怀。定格时代记忆的两座雕塑，在人们心中激荡起振聋发聩的时代强音：改革不停顿、开放不止步！

二

泉城五月，万物并秀，企业和专家座谈会在这里举行。“这一次改革，我们将紧扣推进中国式现代化主题。”党的二十届三中全会前，习近平总书记主持召开这场面向基层的座谈会，深刻阐述了进一步全面深化改革的一系列重大理论和实践问题，释放出以全面深化改革推进中国式现代化的鲜明信号。

没有科学理论的指引，就没有伟大实践的推进。党的十八大以来，习近平总书记深刻总结历史经验，精准把握改革规律，运用马克思主义立场观点方法，发表一系列富有创造性、战略性、指导性的重要论述，实现了改革理论的一系列重大创新和突破。

鲜明提出“我们的改革是在中国特色社会主义道路上不断前进的改革”“全面深化改革必须加强和改善党的领导”，指明了全面深化改革的正确方向；鲜明提出“要把全面深化改革作为推进中国式现代化的根本动力”，揭示了新的历史条件下全面深化改革的重大意义；鲜明提出“完善和发展中国特色社会主义制度、推进国家治理体系和治理能力现代化”，确立了全面深化改革的总目标；鲜明提出“以促进社会公平正义、增进人民福祉为出发点和落脚点”，阐明了以人民为中心的改革价值取向；鲜明提出“加强顶层设计和整体谋划”“运用法治思维和法治方式”等科学方法，形成了改革开放以来最丰富、最全面、最系统的改革方法论；系统总结新时代全面深化改革“六个坚持”的宝贵经验和重大原则，进一步深化对改革规律的认识……这些重要论述，构成一个内涵丰富、系统完整、逻辑严密的科学理论体系，深刻回答了为什么改、为谁改、怎么改等重大理论和实践问题，为全面深化改革提供了科学行动指南和强大精神力量。

这是“一张蓝图绘到底”的战略谋划。全面深化改革，关键在“深化”，重点在“全面”。习近平总书记亲自担任中央全面深化改革领导小组组长、中央全面深化改革委员会主任，主持召开 72 次中央深改领导小组和中央深改委会议，议大事、抓要事、谋全局，亲力亲为谋划指导改革的总体设计、统筹协调、整体推进、督促落实，为改革提供了最坚强有力的领导保障。在以习近平同志为核心的党中央坚强领导下，自上而下形成党领导改革工作体制机制，对全面深化改革作出一系列重大战略部署，有效应对重大风险挑战、克服艰难险阻，推动党和国家事业取得历史性成就、发生历史性变革。

这是“知重负重、攻坚克难”的责任担当。“没有习近平总书记下决心，很多重大改革是难以出来的”，一位参与党的十八届三中全会文件起草的成员如是感慨。攻克险峻之难关，必有非凡之魄力；冲破崔嵬之要隘，必有卓绝之勇毅。面对“四大考验”“四种危险”，习近平总书记以“得罪千百人、不负十四亿”的使命担当，深化党建领域改革，驰而不息推进全面从严治党；面对“和平积弊”，深化国防和军队改革，人民军队体制一新、结构一新、格局一新、面貌一新；面对“大进大出的环境条件已经变化”，提出构建以国内大循环为主体、国内国际双循环相互促进的新发展格局，引领新时代中国牢牢把握发展主动权……一系列重大部署和举措既有“破”的魄力，更有“立”的担当，凝聚起攻坚克难的强大力量，推动“中国号”巨轮破浪前行。

这是“看准了就坚定不移抓”的实干精神。“既当改革促进派、又当改革实干家”，习近平总书记率先垂范，更对广大党员干部提出明确要求，汇聚起共同为改革想招、一起为改革发力的磅礴力量。实干，体现在以钉钉子精神抓好改革任务落实的行动中，体现在对形式主义、官僚主义的有力纠治中，体现在让改革者想干事、能干事、干成事的良好氛围中，体现在各领域改革带来的可喜变化中……

回望来路自慷慨，再赴征程气如虹。站在新的历史起点上，我们更加深刻地认识到，全面深化改革之所以取得历史性伟大成就，根本在于习近平总书记领航掌舵，在于习近平新时代中国特色社会主义思想的科学指引。新征程上，深刻领悟“两个确立”的决定性意义，坚决做到“两个维护”，自觉在思想上政治上行动上同以习近平同志为核心的党中央保持高度一致，我们抓改革、促发展、推进中国式现代化,就有了根本政治保证,就有了最大的底气和信心。

三

1978 年，邓小平同志在党的十一届三中全会上指出：“实现四个现代化是一场深刻的伟大的革命。在这场伟大的革命中，我们是在不断地解决新的矛盾中前进的。”2024 年，习近平总书记在全国两会期间强调：“要谋划进一步全面深化改革重大举措，为推动高质量发展、推进中国式现代化持续注入强劲动力。”历史和实践昭示，改革开放是党和人民大踏步赶上时代的重要法宝。

当今世界，变革创新的潮流滚滚向前。党的二十大擘画了全面建设社会主义现代化国家的宏伟蓝图，确立了以中国式现代化全面推进强国建设、民族复兴伟业的中心任务。推进中国式现代化，是新征程上凝聚全党全国人民智慧和力量的旗帜，也必然是进一步全面深化改革的主题。

推进中国式现代化是前无古人的事业，还有许多未知领域，需要我们在实践中去大胆探索，通过改革创新来推动事业发展。实现新时代新征程的目标任务，要把全面深化改革作为推进中国式现代化的根本动力，作为稳大局、应变局、开新局的重要抓手，把准方向、守正创新、真抓实干，在新征程上不断谱写改革开放新篇章。

当前和今后一个时期，是以中国式现代化全面推进强国建设、民族复兴伟业的关键时期。向外看，世界百年未有之大变局加速演进，外部环境的复杂性、严峻性、不确定性上升，世界进入新的动荡变革期。向内看，我国改革发展稳定面临不少深层次矛盾躲不开、绕不过，发展不平衡不充分问题仍然突出，推动高质量发展还有许多卡点瓶颈。时间不等人，历史不等人。面对纷繁复杂的国际国内形势，面对新一轮科技革命和产业变革，面对人民群众新期待，必须义无反顾把改革开放不断向前推进。

进一步全面深化改革，就是要锚定继续完善和发展中国特色社会主义制度、推进国家治理体系和治理能力现代化这个总目标，紧

★ 2024年5月18日，杭温高铁检测列车驶出山星岩隧道（无人机照片）。（新华社发　吴杰琛摄）

扣推进中国式现代化这个主题，坚决破除妨碍推进中国式现代化的思想观念和体制机制弊端，着力破解深层次体制机制障碍和结构性矛盾，不断解放和发展社会生产力，不断完善和发展中国特色社会主义制度，不断满足人民群众对美好生活的向往，为中国式现代化注入强劲动力、提供有力制度保障。

每小时 385 公里！不久前，杭温高铁试验列车顺利跑出了试验目标速度值，而时速 400 公里的 CR450 动车组正在加紧研制，将于年内下线。沿着中国式现代化道路阔步向前，向着更高更远的目标挺进，实践发展永无止境，改革开放未有穷期……

四

进一步全面深化改革，工作千头万绪，攻坚千难万险，向何处发力，在何处突破？实践启示我们，抓住了改革重点，就能找到破解问题的支点。

以“三权分置”改革为龙头推动农村基本经营制度重大创新，以司法责任制改革为抓手深化司法体制改革，以国家监察体制改革为驱动健全党和国家监督体系……牢牢抓住主要矛盾和矛盾的主要方面，把握关键环节，实现重点突破，是新时代全面深化改革的宝贵经验，也是进一步全面深化改革的战略考量。

发展是第一要务，坚持高质量发展是新时代的硬道理。进一步全面深化改革，要以经济体制改革为牵引，坚持和发展我国基本经济制度，构建高水平社会主义市场经济体制，健全宏观经济治理体系和推动高质量发展体制机制，完善支持全面创新、城乡融合发展

★ 2024 年 7 月 10 日拍摄的六盘水市六枝特区牂牁江风景名胜区风光（无人机照片）。（新华社记者陶亮摄）

等体制机制，进一步解放和发展社会生产力、增强社会活力，推动生产关系和生产力、上层建筑和经济基础更好相适应。

问题是时代的声音，改革是发展的动力。必须坚持目标导向和问题导向相结合，奔着问题去、盯着问题改，从现实需要出发，从最紧迫的事情抓起，在解决实践问题中深化理论创新、推进制度创新。

优化营商环境要打破哪些“隐形门”？加快全国统一大市场建设要拆除哪些“篱笆墙”？加快发展新质生产力要搬除哪些“绊脚石”？释放创新活力需要怎样的“点火系”？增进人民幸福有哪些亟待解决的“急难愁盼”问题？……无论是推进经济体制改革还是其他领域改革，只有聚焦全局性、战略性问题谋划改革举措，打通发展堵点、消除体制卡点、破解实践难点，才能实现纲举目张，以重点突破带动改革整体推进，为推动高质量发展、加快中国式现代化建设不断注入强大动力。

北京深入推进接诉即办改革，用一根热线“绣花针”穿起民生“万根线”，让越来越多市民分享首都城市治理变革红利；上海设立“基础研究特区”，鼓励勇闯科学“无人区”，从源头和底层解决关键技术问题；广东以“百县千镇万村高质量发展工程”促进城乡区域协调发展，着力让“短板”变为“潜力板”；贵州通过创新生态产品价值实现机制，更好守护绿水青山、带来“金山银山”……改革之路没有坦途，但只要牵住“牛鼻子”、打好关键仗，就一定能跨越重重关山，迈向高质量发展新境界，创造中国式现代化新辉煌。

五

试点机动车行驶证电子化，实行摩托车登记“一证通办”，治理大数据“杀熟”“自动续费”等问题……进入7月，一批新规开始施行，折射出改革便民、惠民、利民的温度。

习近平总书记强调“抓改革、促发展，归根到底就是为了让人民过上更好的日子”，深刻指出“中国式现代化，民生为大”，宣示着鲜明的价值取向——坚持以人民为中心。在全面深化改革的精彩答卷中，“民生”是点睛之笔。户籍制度改革让1.4亿农业转移人口落户城镇，加快完善住房保障体系建设让1.4亿多群众喜圆安居梦，个人所得税改革惠及2.5亿人……

在人民群众眼中，改革是什么？是看得见的蓝天，从“PM250”到“永久的蓝”，蓝天保卫战久久为功；是摸得着的温度，清洁取暖让老百姓暖身又暖心；是买得起的药品，医药卫生体制改革不断深化，把不少救命药的价格“打了下来”；是握得住的幸福，通过改革发展带来更广阔的就业门路、更贴心的养老服务、更加公平更有质量的教育……改革向前，民生更暖。

改革为了人民，改革依靠人民，改革成果由人民共享。新征程上，进一步全面深化改革，必须坚持以人民为中心，从人民的整体利益、根本利益、长远利益出发来谋划和推进。人民有所呼，改革有所应。从就业到增收，从入学到就医，从住房到托幼养老，老百姓关心什么、期盼什么，改革就要抓住什么、推进什么。多推出一些民生所急、民心所向的改革举措，多办一些惠民生、暖民心、顺民意的实事，不断把“问题清单”变成“惠民清单”，让人民群众有更多获得感、幸福感、安全感。

马克思主义认为，历史活动是群众的事业，决定历史发展的是“行动着的群众”。从小岗村“大包干”的一声春雷，到深圳蛇口的开山炮声；从“三来一补”的发展模式，到乡镇企业的创业历程；从深化集体林权制度改革，到推广用好新时代“枫桥经验”……实践证明，改革创新的最大活力就在人民群众中间，改革发展的无穷动力就在人民群众中间。以人民为念，汇人民之力，改革开放事业必将生生不息，中国式现代化建设必将浩荡前行。

六

领导中国改革有怎样的感悟？——10 年前，习近平总书记访问欧洲，交流中，各方领导人问得最多的就是这个问题。总书记坦诚作答：“胆子要大、步子要稳。始终保持着清醒沉着，行百里者半九十。”一番话寓意深远，道出了改革方法的重要性。

改革有破有立，得其法则事半功倍。发展无止境，改革有章法。新征程上，进一步全面深化改革，更要讲求方式方法，从实际出发，按规律办事。

进一步全面深化改革，必须坚持守正创新。守正才能不迷失方向、不犯颠覆性错误，创新才能把握时代、引领时代。我们坚守的“正”，指明了改革开放的正确政治方向。改革无论怎么改，坚持党的全面领导、坚持马克思主义、坚持中国特色社会主义道路、坚持人民民主专政等根本的东西绝对不能动摇，必须坚持志不改、道不变，既不走封闭僵化的老路，也不走改旗易帜的邪路。我们追求的“新”，奔涌着国家发展进步的不竭动力。紧跟时代步伐，顺应实践发展，突出问题导向，在新的起点上推进理论创新、实践创新、制度创新、文化创新和其他各方面创新，把该改的、能改的改好、改到位。坚志而勇为，载道以日新，我们必能推动改革开放事业行稳致远，不断驶向胜利的彼岸。

进一步全面深化改革，必须注重系统集成。行棋观大势，落子谋全局。在全面深化改革这盘大棋中，任何一个领域的改革都会牵动其他领域，同时也需要其他领域密切配合。唯有坚持系统观念，加强各项改革举措的协调配套，推动各领域各方面改革举措同向发力、形成合力，拧成一股绳、攒起一股劲，才能做到远近结合、上下贯通、内容协调，防止和克服各行其是、相互掣肘的现象，不断把改革推向前进。

进一步全面深化改革，必须狠抓落实。改革是实干的事业。“事

★ 静待通车的深中通道（2024 年 6 月 19 日摄）。6 月 30 日，历时七年建设的国家重大工程深中通道正式通车试运营，从深圳到中山的车程从原来的 2 小时缩短至 30 分钟。（新华社记者刘大伟摄）

者，生于虑，成于务”，新征程上推进深层次改革、扩大高水平开放，要重谋划，更要重落实。以实干精神筑牢改革之基，既要积极主动，更要扎实稳健，明确优先序，把握时度效，因地制宜、科学施策，做到量力而行、尽力而为。“行之苟有恒，久久自芬芳。”拿出“拼”的精神、“闯”的劲头、“实”的作风，一锤接着一锤敲，一茬接着一茬干，就能把进一步全面深化改革的战略部署转化为推进中国式现代化的强大力量。

不久前，深中通道正式通车。这是继港珠澳大桥后粤港澳大湾区建成的又一超大型交通工程，攻克了多项世界级技术难题，创造了多项世界纪录，凝结着广大建设者改革创新的不懈努力。逢山开路、遇水架桥，改革开放是干出来的，中国式现代化是干出来的，伟大事业都成于实干！

七

“平均 3 天推出一项制度创新”——这是前海对“深圳速度”新的定义；“从签约到开工仅用 3 个多月”——这是让外企为之震撼的“上海时间”；“300 米进公园、1 公里进林带、3 公里进森林”——这是蓝绿交织、水城共融的“雄安画卷”，承载希望与梦想的“未来之城”正崛起于燕赵大地……今日之中国，涌动着改革创新的澎湃活力，升腾起中国式现代化的万千气象。

循大道，至万里；秉初心，谋远图。沿着改革开放这条强国建设、民族复兴的必由之路，中国共产党团结带领中国人民顽强拼搏、开拓前行，谱写了气壮山河的奋斗史诗。站在新的历史起点上，党的二十届三中全会将对进一步全面深化改革作出新的重大部署。这既是党的十八届三中全会以来全面深化改革的实践续篇，也是新征程推进中国式现代化的时代新篇。

“我们应当坚定一种信念，中国的改革开放之路一定可以成功。”新征程上，让我们更加紧密地团结在以习近平同志为核心的党中央周围，坚持以习近平新时代中国特色社会主义思想为指导，矢志不渝将改革开放进行到底，同心协力推进中国式现代化建设，谱写民族复兴伟业的历史新篇章！（新华社评论员）

身边的改革故事

努力把好学校办到孩子家门口，西安是怎么做的？

“编织工艺有着悠久的历史。进行编织既是对意志品质的磨炼，又能激发无限创意……”

暑假前，在位于西安市新城区的励志小学，一堂编织工艺社团课上，四年级一班“小小讲解员”马琪朵的讲述声情并茂。在她身旁，同学们手持针线上下翻飞，一个个造型精美的团扇渐渐浮现。

作为西安后宰门小学教育集团的成员校，“小小讲解员”是励志小学从后宰门小学借鉴而来的特色课程之一。从每学期伊始的“21天行为养成季”德育教育，到中华古诗文经典诵读，经由一系列优质课程牵引，励志小学完成了同名校从“相加”到“相融”的蜕变。

“过去，学校教师队伍老化、教学理念陈旧。2020年加入后宰门小学教育集团后，两校之间打通管理团队、教师队伍和教研教学，实现了先进理念和优质资源的共享共融。”从后宰门小学调任励志小学担任执行校长的杨雨梅说。学校曾长期为生源发愁，如今，越

★ 6月13日，西安市雁塔区航天二一〇小学二年级一班学生在上音乐课。（新华社记者陈晨摄）

来越多家长不再舍近求远，愿意把孩子送来读书。

家长们“用脚投票”，是西安加快义务教育优质均衡发展成效的缩影。近年来，西安持续深化集团化办学、“新优质学校成长计划”等改革举措，充分依托名校，带动提升新建校、薄弱校教学质量。越来越多的优质学校正出现在孩子们的家门口。

2021 年 9 月建成的西安市雁塔区第四小学教师平均年龄仅有 35 岁，学历高、有活力，但教学经验相对略有不足。在集团化办学改革中，该校与航天二一〇小学建立起“一长多校”的紧密型关系，实施以老带新的“青蓝工程”、跟岗学习、同课异构等，将后者的成熟经验嫁接到该校。

★ 6月13日，西安市雁塔区第三中学学生在上体育课。（新华社记者陈晨摄）

“‘双减’实施后，如何检验学习成果是个考验。”雁塔四小二年级语文教师冯康贝说，学校从航天二一〇小学引入“语文嘉年华”理念，开展口才新天地、编排课本剧等活动，以趣味化测试寓教于乐。

有复制借鉴，亦有自主创新。来到雁塔四小教学楼顶的“空中种植园”，孩子们栽种的向日葵、西红柿长势喜人；走进茶艺课堂，学生们在茶香四溢中感知传统文化魅力……“这些都是我们基于学校自身优势开发出的特色课程。”从航天二一〇小学调任而来的雁塔四小执行校长文燕说。这所新学校在2023年获评西安市“新优质学校”。

在改革中，西安各区县因地制宜探索发展路径。西安市新城区教育局局长姜勇说，新城区组建28个教育集团，以实力雄厚的名校

★ 6月25日，西安市新城区后宰门小学2024届毕业典礼现场。（新华社记者刘潇摄）

命名教育集团总校，对集团内发展相对滞后的学校实行“一长多校、委托管理”。通过搭建“为学校赋权增能、让教师流动聘任、对学生贯通培养”等平台，率先实现集团内学校的优质均衡。2022年，新城区被教育部确定为“全国义务教育优质均衡发展先行创建区”，并在2023年通过省级验收。

以新城区后宰门小学教育集团为例，10所学校教学理念、校本教材、特色课程相通，教师流动顺畅。“集团化办学不是简单地派几个名师、挂上分校的牌子，而是实实在在地把名校优质的管理经验、先进的文化理念和丰富的教学方式等全面辐射共享，实现同频共振。”后宰门小学教育集团总校长白彩玲说。

通过改革，学校间曾经泾渭分明的界限正在被打破：“天天向上一年级，有模有样二年级，会生活的三年级……”的“学子画像”成为后宰门小学教育集团各校的培养目标，毗邻西安站的明欣小学开发的铁路特色课程、大明宫分校的“诗书”文化主题课程等为所有学生共享；在雁塔区航天二一〇小学“名校＋”共同体，各校共同制定教学方案、取长补短，优秀教师在集团内开展传帮带……

与此同时，自2021年起，西安开始实施“新优质学校成长计划”，提出用3年时间培育600所“新优质学校”。在该计划帮扶下，建校不到3年的雁塔区第三中学提升改造了操场和食堂，开发出足篮排、健美操等8门课程的体育走班特色课，改变了所在辖区长期缺乏优质学校的局面。

暑假放假前，标准化操场上，雁塔三中七年级学生何雨芯舞姿曼妙、青春洋溢。“父母起初对送我来这里有顾虑。但一年读下来，我的身体更好、性格更开朗了，学习成绩也稳步提升。”她说，步行10分钟就能到校，家门口也有好学校。（新华社记者陈晨、刘潇）

扫码观看

《千方百计让群众腰包鼓起来》

第四章

坚持以人民为中心推进改革

坚持以人民为中心推进改革

——新时代全面深化改革的实践与启示述评之四

“为了人民而改革，改革才有意义；依靠人民而改革，改革才有动力。”

在新时代的伟大变革中，以习近平同志为核心的党中央不断深化对改革规律的认识，坚持人民有所呼、改革有所应。全面深化改革从解决群众最关心最直接最现实的利益问题切入，深入推进就业、教育、收入分配、医药卫生、社会保障、养老托幼、公共文化、基层治理等民生领域改革，着力用改革的方法解决人民群众急难愁盼问题，不断满足人民对美好生活的新期待。

人民是历史的创造者，是推动改革开放的主体力量。进一步全面深化改革，必须坚持以人民为中心、尊重人民主体地位和首创精神，让现代化建设成果更多更公平惠及全体人民。

“老百姓关心什么、期盼什么，改革就要抓住什么、推进什么”

为了谁的问题，是检验一个政党、一个政权性质的试金石。抓改革、促发展，归根到底就是为了让人民过上更好的日子。

习近平总书记强调，“老百姓关心什么、期盼什么，改革就要抓住什么、推进什么，通过改革给人民群众带来更多获得感”。

全面深化改革必须以促进社会公平正义、增进人民福祉为出发点和落脚点，从人民利益出发谋划改革思路、制定改革举措。这充分体现了我们党全心全意为人民服务的根本宗旨，彰显了全面深化改革的价值取向。

党的十八大以来，全面深化改革向纵深推进。各方面推出的2000多个改革方案，大写的“人”字贯穿始终。

立足当前，瞄准群众的急难愁盼问题，改革从群众最期盼的事情做起，从群众最不满意的地方改起。

“这两年药品降价非常明显，看病负担明显减轻了。”60多岁的广西南宁市市民韦华强说，他因患高血压需要长期服用苯磺酸氨氯地平片，“从前买这个药一年得花上千块，现在只需要几十块。”

近年来，医药卫生体制改革推进国家组织药品和高值耗材集中采购和使用，医药费用过快增长势头得到初步遏制。

药品价格降下来，民生温度升上去。

深化医药卫生体制改革铺就一条健康中国之路——持续提高基本医保和大病保险水平，将更多群众急需药品纳入医保报销范围，住院和门诊费用实现跨省直接结算。全面推开公立医院综合改革，持续提升县域医疗卫生服务能力，完善分级诊疗体系。

以改革促进教育公平和质量提升——从推动城乡义务教育一体化发展，到完善职业教育和培训体系，深化产教融合、校企合作；从深化教育体制机制改革，到全面深化新时代教师队伍建设改革，教育改革深刻体现着办好人民满意的教育的坚定初心。

改革户籍制度让人的活力充分迸发——城乡统一的户口登记制度全面建立，户口迁移政策全面放开放宽，人口流动的户籍障碍基本消除，打破了横亘在城乡之间的户籍二元化壁垒，助推新型城镇化进程……

“民之所忧，我必念之；民之所盼，我必行之。”

党的十八大以来，党中央始终践行“人民对美好生活的向往，就是我们的奋斗目标”的庄严承诺，一系列既有针对性又有含金量的改革举措，为民谋利、为民解忧，让人民群众真真切切感受到了改革带来的变化。

着眼长远，寻找最大公约数，以改革力求实现好、维护好、发展好最广大人民群众的根本利益。

新铺设的柏油路、彩色塑胶篮球场、规划合理的健身器材……看着焕然一新的家，在仪材小区住了近40年的魏洪德非常满意：“以前小区楼面破旧、路面坑坑洼洼，老人、孩子没有休闲场地。现在环境好了，住着舒心多了！”

建于20世纪80年代的仪材小区是重庆市北碚区龙凤桥街道一家老国企职工家属区，有600余户居民。此前由于设施年久失修、物业管理缺失等问题突出，居民反映强烈。

2023年3月，该小区被纳入老旧小区改造项目。当地针对小区老年居民多的特点，在着力解决房屋修缮、管网完善、停车规范等共性问题的同时，增设了休闲健身场地，对道路等进行了适老化改造。

“中国式现代化，民生为大。”

人民幸福安康是推动高质量发展的最终目的。今天，人民对美好生活的向往更加强烈，人民群众的需要呈现多样化多层次多方面的特点。面对人民群众新期待，必须继续把改革推向前进。

应对老龄化挑战，做好全国近3亿老年人的服务工作，改革发力扩大普惠养老供给，构建居家社区机构相协调、医养康养相结合的养老服务体系，实施老年健康服务体系建设工程。

满足群众更多精神需求，新时代公共文化服务体系更加健全、供给日益丰富、品质不断提升，统筹推进建设长城、大运河、长征、黄河、长江国家文化公园，深入实施革命文物保护利用工程等重大工程，推进文化和旅游深度融合。

新时代以来波澜壮阔的改革实践，在幼有所育、学有所教、劳有所得、病有所医、老有所养、住有所居、弱有所扶上持续用力，人民幸福生活的温暖底色更加鲜亮。

“没有人民支持和参与，任何改革都不可能取得成功”

“改革开放在认识和实践上的每一次突破和深化，改革开放中每一个新生事物的产生和发展，改革开放每一个领域和环节经验的创造和积累，无不来自亿万人民的智慧和实践。”习近平总书记强调指出。

无论遇到任何困难和挑战，只要有人民支持和参与，就没有克服不了的困难，就没有越不过的坎。

“小伙伴们，咱们的葡萄味道香甜可口……”“美丽小岗”助农直播间里，安徽省凤阳县小岗村的几名年轻人正介绍着本地特色农产品。“我们希望小岗村的优质农产品被更多人看到。”这些“新农人”充满干劲。

1978年冬，正是小岗村18位农民按下红手印、分田到户搞起“大包干”，催生了家庭联产承包责任制，开启了我国农村改革的大幕。如今，村民们继续推动农业技术改造，加快建设和美乡村，让新时代的小岗焕发新活力。

改革开放是亿万人民自己的事业。改革开放在认识和实践上的每一次突破和进展，每一个新生事物的产生和发展，每一个方面经验的创造和积累，无不来自亿万人民的拼搏奋斗和聪明才智。

臂挽会稽山、面朝枫溪水，蓝天白云下的浙江诸暨枫桥镇屋舍俨然，铺展成一幅和谐宜居的动人画卷。

2023年9月20日，习近平总书记来到这里，参观枫桥经验陈列馆。他指出，要坚持好、发展好新时代“枫桥经验”，坚持党的群众路线，正确处理人民内部矛盾，紧紧依靠人民群众，把问题解决在基层、化解在萌芽状态。

诞生于20世纪60年代的“枫桥经验”，源于诸暨枫桥干部群众的创造和政法工作的生动实践。以为了人民、依靠人民作为其创新发展的基本点，“枫桥经验”从枫桥出发，不断与时俱进，展现出历久弥新的魅力。

北京“街乡吹哨、部门报到”、浙江“最多跑一次”、福建三明综合医改……依靠群众进行社会基层治理创新，一系列切实有效的改革举措从地方探索，逐步复制推广到全国。

问需于民、问计于民。

2020 年 9 月 17 日，习近平总书记在湖南长沙主持召开一场“特殊”的基层代表座谈会。

村支书、乡村教师、扶贫干部、农民工、种粮大户、货车司机、快递小哥、餐馆店主、法律工作者……30 名基层代表齐聚一堂，10 名代表先后发言，发表对“十四五”规划编制的意见和建议。两个多小时的座谈会上，习近平总书记同每一名发言代表都进行了交流。

“正确的道路从哪里来？从群众中来。我们要眼睛向下，把顶层设计同问计于民统一起来。”在这次座谈会上，总书记深刻指出。

为了起草好“十四五”规划建议，从 2020 年 7 月到 9 月，像这样的座谈会，习近平总书记主持召开了 7 场。

2022 年 4 月 15 日至 5 月 16 日，党的二十大相关工作网络征求意见活动开展。活动开展前后，习近平总书记都作出重要指示批示，强调这是“全党全社会为国家发展、民族复兴献计献策的一种有效方式，也是全过程人民民主的生动体现”。

“要从人民的整体利益、根本利益、长远利益出发谋划和推进改革，走好新时代党的群众路线”，2024 年 5 月 23 日，习近平总书记在山东济南主持召开企业和专家座谈会并发表重要讲话时指出。

“大鹏之动，非一羽之轻也；骐骥之速，非一足之力也。”

回望过去，正是因为得到人民的拥护支持，激发出人民的无穷力量，我们才在披荆斩棘的奋斗中，创造了经济社会发展的奇迹。

随着改革进入攻坚期和深水区，更要汇聚广大人民群众的智慧力量，紧紧依靠人民将改革推向前进。

“一路走来，我们紧紧依靠人民交出了一份又一份载入史册的答卷。面向未来，我们仍然要依靠人民创造新的历史伟业。”在二十届中共中央政治局常委同中外记者见面时，习近平总书记话语坚定。

“让改革发展成果更多更公平惠及全体人民”

习近平总书记深刻指出：“我们党推进全面深化改革的根本目的，就是要促进社会公平正义，让改革发展成果更多更公平惠及全体人民。”

这是中国共产党人的初心所在，也是新征程全面深化改革再出发的原动力、出发点。

从“有没有”转向“好不好”，人民对美好生活的向往更加强烈。面对人民群众新期待，进一步全面深化改革，必须在高质量发展中持续增进民生福祉，让现代化建设成果更多更公平惠及全体人民。

改革，提高人民生活品质——

在湘赣两省交界处，有一条萍水河，是江西萍乡和湖南醴陵的母亲河。

2019 年以前，河流上下游遍布钢铁、建材等工厂，水体一度受到严重污染。2019 年 7 月，赣湘两省签订了针对该流域的生态保护补偿协议，明确上下游的职责和义务，共同守护一江碧水。

如今，萍水河犹如一条绿飘带，两岸群山叠翠，农家屋舍错落有致。生态环境提升后的沿河两岸，不仅吸引了艺术区、海绵城市植物培育基地等项目落地，也让流域周边的群众吃上了生态饭、文旅饭。

2021 年，中办、国办印发《关于深化生态保护补偿制度改革的意见》。2024 年 6 月 1 日，《生态保护补偿条例》开始施行，深化生态文明体制改革进入新阶段。

发展出题目，改革做文章。

医疗教育要更好保障、环境污染要更有效治理、社会公平正义要更大彰显……当前，人民群众对美好生活的需要正从单一化转向多样化、个性化。

顺应时代发展新趋势、人民群众新期待，改革只有精准发力、协同发力、持续发力，才能破除制约高品质生活的体制机制障碍。

正如习近平总书记所指出的，“注重从就业、增收、入学、就医、住房、办事、托幼养老以及生命财产安全等老百姓急难愁盼中找准改革的发力点和突破口”。

改革，扎实推进共同富裕——

浙江银轮机械股份有限公司员工谢先龙正在为新产品试制和设备管理忙碌：“我们的技能等级与薪酬挂钩。我从最初的钳工装配技师成长为工艺主管，收入不断增长。”

作为我国首部为提高技术工人待遇而制定的地方性法规，《台州市提高技术工人待遇扩大中等收入群体若干规定》2024 年 7 月 1 日起施行，为全市 134 万技术工人打通“以技提薪”的共富路径。

中国式现代化是全体人民共同富裕的现代化。

展望未来，在做好做大“蛋糕”的同时，必须进一步分好“蛋糕”，通过全面深化收入分配制度改革和社会保障制度改革，缩小东西部之间、城乡之间、区域之间、行业之间的收入差距。

改革完善社会救助制度，加强低收入人口认定和动态监测；健全基本公共服务体系，进一步完善共建共治共享的社会治理制度；以社会主义核心价值观引领文化建设，更好丰富人民精神世界……截至2023年底，我国基本养老、失业、工伤保险参保人数分别达到10.66亿人、2.44亿人、3.02亿人，建成了世界上覆盖人口规模最大的社会保障安全网。

一项项改革成果，强了信心，暖了人心，聚了民心。

改革，推动人的全面发展——

现代化的本质是人的现代化。

今年以来，安徽、山东、四川等地相继印发科技人才评价改革试点方案，力克“唯论文、唯职称、唯学历、唯奖项”倾向，改革探索科技人才分类评价的新标准，激发科技人才创新活力。

人是生产力中最活跃的因素。

“我们的方向就是让每个人获得发展自我和奉献社会的机会，共同享有人生出彩的机会，共同享有梦想成真的机会，保证人民平等参与、平等发展权利，维护社会公平正义。”

在习近平总书记指引下，进一步全面深化改革必将更加充分重视人的因素，促进人的幸福和全面发展，调动人民群众参与中国式现代化建设的主动性、积极性和创造性。

建立健全生育支持政策体系，大力发展普惠托育服务体系，显著减轻家庭生育养育教育负担；贯通技能等级认定与职称评定，超

2 亿“蓝领”有机会打破人才成长的“天花板”；创新巡回法庭制度，“家门口的最高法院”覆盖全国……

制度改革与人民创造同向发力，顶层设计与基层探索良性互动，改革将不断增进共识、凝聚力量。

人人都是参与者，人人都是受益者。

把人民放在心中最高的位置，在进一步全面深化改革中激扬广大人民奋进新时代的磅礴伟力，没有任何力量能够阻挡中国人民实现强国建设、民族复兴伟大梦想的步伐。（新华社记者齐中熙、姜琳、高敬、严赋憬、李晓婷）

持续增进民生福祉 促进社会公平正义

——党的十八届三中全会以来社会体制改革成就综述

民生之计，在于安民、富民、乐民。

党的十八届三中全会以来，以习近平同志为核心的党中央将社会建设作为统筹推进“五位一体”总体布局的重要内容，紧紧围绕更好保障和改善民生、促进社会公平正义、深化社会体制改革，有力推动社会发展进步和民生福祉改善。

始终坚持以人民为中心的发展思想，把人民对美好生活的向往作为奋斗目标，社会体制改革持续纵深推进，推动改革发展成果更多更公平惠及全体人民，人民群众获得感、幸福感、安全感不断增强。

维护社会公平正义，切实提高人民群众获得感

自四川成都市的磨子桥地铁站出来，步行百米便是成都七中林荫校区。每天，这里的前端网课内容都会通过卫星信号发出，传输至云南寻甸县、西藏日喀则市等教育薄弱地区的学校教室中，许多孩子的人生轨迹因此而改变。

教育，是促进人的全面发展的重要途径；教育公平，是社会公

平的重要基础。党的十九大报告提出，“努力让每个孩子都能享有公平而有质量的教育”；党的二十大报告明确强调，“促进教育公平”“加快义务教育优质均衡发展和城乡一体化，优化区域教育资源配置”。

公平正义，是人类不懈的追求，是中国特色社会主义的内在要求，必须在全体人民共同奋斗、经济社会发展的基础上，加紧建设对保障社会公平正义具有重大作用的制度。

“社会保障是保障和改善民生、维护社会公平、增进人民福祉的基本制度保障，是促进经济社会发展、实现广大人民群众共享改革发展成果的重要制度安排，是治国安邦的大问题。”

2021 年 2 月 26 日，中共中央政治局就完善覆盖全民的社会保障体系进行第二十八次集体学习。习近平总书记在主持学习时强调，要准确把握社会保障各个方面之间、社会保障领域和其他相关领域之间改革的联系，提高统筹谋划和协调推进能力，确保各项改革形成整体合力。

党的十八届三中全会以来，社会保障体系建设被摆在更加突出的位置。中共中央政治局会议、中共中央政治局常委会会议、中央全面深化改革委员会会议等会议多次研究审议改革和完善基本养老保险制度总体方案、深化医疗保障制度改革意见等，对我国社会保障体系建设作出顶层设计。人民群众不分城乡、地域、性别、职业，在面对年老、疾病、失业、工伤、残疾、贫困等风险时都有了相应制度保障，功能完备的社会保障体系基本建成。

数据显示，我国基本医疗保险参保人数约 13.34 亿人，基本养老、失业、工伤保险覆盖人数分别达到10.7亿人、2.4亿人、2.9亿人，建成了世界上规模最大的社会保障体系、医疗卫生体系……一系列改革成就效果显著，为促进社会公平正义提供坚强支撑，为创造美好生活奠定坚实基础。

新时代新征程，人民对美好生活的向往更加强烈，在民主、公平、正义等方面的要求日益增长。“人民日益增长的美好生活需要”，成为衡量发展、推进改革的新标尺。

面对人民群众的更高需求，更有力度的改革举措持续聚焦人民群众最关心最直接最现实的问题——

调整完善户口迁移政策、健全落实居住证制度、深化高频户政业务“跨省通办”……以户籍制度改革推进新型城镇化建设和乡村全面振兴，2019年以来已有5000万农业转移人口进城落户。

加快推进健康中国建设、不断提高群众医疗卫生服务水平、全面推开公立医院综合改革……医药卫生体制改革下大力气啃“硬骨头”，为人民群众提供全方位全周期医疗健康服务。

个税改革、上调最低工资标准、深化中央管理企业负责人薪酬制度改革……收入分配制度改革不断深化，“蛋糕”切得更好，收入分配差距不断缩小。

加快推进跨域立案诉讼服务改革、健全政府购买法律服务机制……人民群众对公平正义的更高需求，推动政法机关通过改革提供更加多元、便捷、精细的法律公共服务。

习近平总书记强调：“把以人民为中心的发展思想体现在经济社会发展各个环节，做到老百姓关心什么、期盼什么，改革就要抓住什么、推进什么，通过改革给人民群众带来更多获得感。”

丰硕的改革发展成果，记录着全面深化改革造福人民的温暖步伐，生动诠释了“让人民生活幸福是‘国之大者’”，是我们党坚持以人民为中心的发展思想、不断倾听人民呼声的最真实体现。

着力解决“急难愁盼”，不断提升人民群众幸福感

“城市不仅要有高度，更要有温度。我们的社会主义就是要走共同富裕的路子。外来务工人员来上海作贡献，同样是城市的主人。要践行人民城市理念，不断满足人民群众对住房的多样化、多元化需求，确保外来人口进得来、留得下、住得安、能成业。”

2023 年 11 月 29 日，习近平总书记来到上海闵行区新时代城市建设者管理者之家考察。听了当地加大保障性租赁住房筹措建设力度、构建“一张床、一间房、一套房”多层次租赁住房供应体系的情况介绍，总书记给予充分肯定。

多渠道保障群众“住有所居”。目前，我国城镇中低收入家庭住房条件明显改善，新市民住房困难得到缓解，低保、低收入家庭基本实现应保尽保，我国已建成世界上最大的住房保障体系。

党的十八届三中全会以来，全面深化改革奔着问题去、盯着问题改，从住房难等老百姓的“急难愁盼”问题入手，找准改革的发力点和突破口。持续推进民生领域重大改革和制度建设，让群众真真切切感受到改革带来的新变化。

2024 年 6 月 13 日，民政部联合 21 个部门出台的《关于加快发

展农村养老服务的指导意见》对外公布，这是全国层面对发展农村养老服务作出的首份总体性、系统性部署。通过为农村老年人编织覆盖县乡村三级的幸福“网”，让更多农村老年人“老有所养”。

从探索建立国家基本养老服务清单制度，到以“居家社区机构相协调”等明确养老服务体系建设目标；从理顺养老服务监管机制，到推动银发经济健康发展……一项项改革实招硬招为推进养老服务体系建设夯基垒台，以创新之举施改革之策，最美“夕阳红”的温暖画卷正在全国铺展开来。

坚持群众路线，积极回应群众关切，改革聚焦人民群众堵点痛点难点，着力补短板、锻长板——

相继启动实施单独二孩和全面两孩政策、印发《关于促进 3 岁以下婴幼儿照护服务发展的指导意见》、做好托育机构卫生评价工作……着力提升服务质效，确保婴幼儿安全和健康，不断筑牢“幼有所育”的民生保障。

取消实行多年的药品和耗材加成、改革药品审评审批制度……减轻人民群众用药负担，一系列改革措施直击药价高、看病贵等痛点难题，药价虚高乱象得到有力纠治。

进一步完善就业失业登记制度、全面治理拖欠农民工工资问题……始终把促进就业作为保障和改善民生的头等大事，进一步保障劳动者合法权益，中国特色积极就业政策体系不断创新完善。

为了人民而改革，改革才有意义；依靠人民而改革，改革才有动力。

党的十八届三中全会以来，聚焦民生领域的主要矛盾和矛盾的主要方面，直面民生改革中的“硬骨头”，找准群众所思所盼所忧所急，一系列改革方案不断解决老百姓反映强烈的烦心事、操心事、揪心事，使人民生活发生真切变化，深刻揭示了改革为了人民的真谛。

保持“时时放心不下”，持续增强人民群众安全感

“对党忠诚、纪律严明、赴汤蹈火、竭诚为民”，这是全国超过 22 万名消防员心中始终恪守的铮铮誓言。

2018 年 11 月 9 日，习近平总书记在人民大会堂向国家综合性消防救援队伍授旗并致训词，为这支队伍立起了建队治队的根本指针，指明了强队兴队的目标方向。

始终绷紧防大灾抢大险这根弦，全力保障人民群众生命财产安全，不仅需要敢打敢拼的队伍，更需要适应新时代新特点新趋势，不断完善应急管理体制机制。

2018 年 4 月 16 日，北京市西城区广安门南街 70 号，一个将 11 个部门和单位 13 项相关职能进行整合和统一的新部门——应急管理部，正式挂牌成立。推动公共安全治理模式向事前预防转型，多年改革举措持续跟进、完善，事故灾害应急管理格局全面刷新。

开展国务院安全生产委员会成员单位年度安全生产工作考核、建立自然灾害防治工作部际联席会议制度、全国省级消防救援局统一挂牌……积极推进应急管理体系和能力现代化，稳步提高安全生产水平，扎实做好防灾减灾救灾工作，为建设更高水平的平安中国和全面建设社会主义现代化强国提供坚实安全保障。

健全公共安全体系，需要严守食品安全底线。能不能在食品安全上给老百姓一个满意的交代，是对我们党执政能力的重大考验。

为保障人民群众“舌尖上的安全”，我国对食品安全的重视程度之高、法治建设之快、政策措施之严、改革力度之大前所未有——

“十三五”规划建议明确提出，实施食品安全战略，形成严密高效、社会共治的食品安全治理体系，让人民群众吃得放心。“食品安全”由此被提升至国家战略高度进行谋划治理。

党的二十大报告，将食品安全工作列入“推进国家安全体系和能力现代化，坚决维护国家安全和社会稳定”部分进行专门部署。

2023 年 2 月，中共中央、国务院印发《质量强国建设纲要》，提出深入实施食品安全战略，推进食品安全放心工程……

近年来，我国食品安全形势保持总体稳中向好的态势，大宗食品安全评价性抽检合格率稳定在 98% 以上，食品安全国家标准超过 1500 项，农药兽药残留食品安全国家标准总数超过 1.3 万项……食品产业健康有序发展，人民群众对食品安全的信心持续增强。

国家安全是民族复兴的根基，社会稳定是国家强盛的前提，基层治理是其中关键一环。习近平总书记指出：“党的工作最坚实的力量支撑在基层，经济社会发展和民生最突出的矛盾和问题也在基层，必须把抓基层打基础作为长远之计和固本之策，丝毫不能放松。”

从聚焦办好群众家门口事、打通抓落实“最后一公里”，到以党建带群建推动社会力量广泛参与基层治理；从不断完善社会矛盾纠纷多元预防调处化解综合机制，到发挥好基层立法联系点作用，将人民群众所思所盼所忧所急体现在法律的制度设计中……

我国不断健全党组织领导的自治、法治、德治、智治融合的城乡基层治理体系，营造安全的政治环境、稳定的社会环境、公正的法治环境、优质的服务环境，推动社会治理模式实现从“社会管理”转向“社会治理”的重大突破与创新。

始终把最广大人民根本利益放在心上，坚定不移增进民生福祉，把高质量发展同满足人民美好生活需要紧密结合起来，人民至上的理念不断转化为百年大党的生动实践，持续书写改革发展的美好新篇章。（新华社记者叶昊鸣、王悦阳、王聿昊）

“通过改革给人民群众带来更多获得感”

——新时代民生领域的改革故事

悠悠万事，民生为大。

医疗、教育、环境、养老托幼、社会保障、基层治理……既是百姓关切的焦点，也是长期以来民生领域的痛点难点。

“矛盾越大，问题越多，越要攻坚克难、勇往直前。”

党的十八大以来，以习近平同志为核心的党中央牢牢把握以人民为中心的价值取向，抓住人民最关心最直接最现实的利益问题推进重点领域改革。

由局部探索、破冰突围到系统集成、全面深化，民生领域每一项改革，都彰显出以人民为中心推进改革的决心、力度和成效，让人民群众有更多获得感、幸福感、安全感。

从病有所医到学有所教：在老百姓急难愁盼中找准改革的发力点和突破口

多年患糖尿病的福建三明市民朱先生，由于血糖值较高且感觉有点视物模糊，来到三明市中西医结合医院内分泌科住院治疗。

与以往不同的是，这次除了医师开具药物处方外，内分泌科的疾病管理师还出具了一份“健康报告”，对他的身体状态和生活方式进行了详细评估，其中包含调节日常饮食、运动、心理、睡眠等生活方式的个性化处方。

“这些年，群众感受最直观的是，药价降了，医保报销多了，看病方便了，健康更有保障了。”朱先生说。

三明，因医改全国闻名。

药价虚高，特别是其背后的利益博弈，是医改首当其冲要面对的难点。2012 年，三明瞄准虚高药价打响了医改的“第一枪”。

通过纠偏公立医院“以药养医”、打破医保管理“九龙治水”、理顺医疗管理体制，三明为破解医改难题进行了有效探索：

以公立医院综合改革为切入点，在市、县、乡、村统筹推进医药、医保、医疗“三医联动”改革；在全国率先将原来 24 个医保基金经办机构进行整合，组建了三明市医疗保障基金管理中心；率先将药品采购和医疗服务定价等职能统一到新组建的医保局……

看病难、看病贵，长期以来困扰基层百姓。探索这一世界性难题的中国式解决办法，攸关千家万户。

对于“三明医改”，习近平总书记高度关注。

2016 年 2 月，习近平总书记在中央全面深化改革领导小组第二十一次会议上，专门听取并肯定了三明医改经验；2017 年 3 月，在中央全面深化改革领导小组第三十三次会议上，指出“三明医改方向是正确的、成效是明显的，要注意推广”；2019 年 7 月，在中央全面深化改革委员会第九次会议上，强调要总结推广三明医改经验。

从 2021 年到 2024 年，历年“深化医药卫生体制改革重点工作任务”中，都把因地制宜学习推广三明医改经验列为重点。

如今，医改已为14亿多中国人带来了实实在在的健康获得感。截至2024年5月，国家组织药品集采共开展9批，纳入374种药品，其中大部分为常见病、慢性病用药。

教育公平，是社会公平的重要基础。获得优质的教育、照亮成才的梦想，更是众多偏远落后地区孩子热切的渴望。

青海果洛藏族自治州，地处青藏高原腹地，地广人稀，交通不便。2019年，在上海市援助下，专为解决农牧区孩子“上好学”的果洛西宁民族中学正式开学。

招生以来，已有1400多名果洛籍学子，从海拔4000多米的高原牧区来到西宁就学，开启人生的新阶段。

15岁的尼东拉毛，2023年9月第一次走出县城，来到这所中学学习。几个月后，品学兼优的尼东拉毛第一次坐飞机赴上海研学。望着黄浦江畔林立的高楼、璀璨的灯火，她立下志向——将来到艰苦地区当一名语文老师，把无限精彩的世界讲给更多人听。

党的十八大以来，致力于为人民提供更好更公平的教育，教育改革不断缩小地区、城乡间差距，全面保障义务教育优质均衡发展。

从《关于构建优质均衡的基本公共教育服务体系的意见》，到《关于实施新时代基础教育扩优提质行动计划的意见》，保障义务教育优质均衡发展的政策体系不断完善。

从开展中西部欠发达地区优秀教师定向培养计划、农村学校教育硕士师资培养计划等，到建强用好国家中小学智慧教育平台，丰富不同地域的教育教学资源，薄弱学校、农村学校办学条件持续改善。

点点滴滴播撒阳光，经年累月铸就美好。

在实现全面普及的基础上，我国九年义务教育巩固率达95.7%，全国2895个县级行政单位全部实现义务教育基本均衡，形成城乡义务教育均衡和一体化发展新局面。

从户籍改革到基层治理：老百姓关心什么、期盼什么，改革就要抓住什么、推进什么

2023年5月30日，在浙江省绍兴市上虞区便民服务中心崧厦分中心公安窗口，申领到全国第一张“跨省互通互认”居住证的安徽人彭华飞喜笑颜开：“有了居住证，孩子在上虞上学不用愁了。”

当天，上虞区长三角城市群流动人口居住证“跨省互通互认”业务正式实施。

一纸居住证，破解的是城乡二元结构，体现的是对新市民的接纳。上虞区为新市民推出限价保障房、定点医疗机构跨省就医结算全覆盖、全区65所中小学校“零门槛”入学……

城乡二元的户籍制度，多年来一直是改革的深水区。许多福利待遇与户籍制度长期挂钩、难以剥离，人民群众反映强烈。

百姓有所呼，改革有所应，新一轮户籍制度改革拉开大幕——

2014年6月，习近平总书记主持召开中央全面深化改革领导小组第三次会议强调，推进人的城镇化重要的环节在户籍制度，加快户籍制度改革，是涉及亿万农业转移人口的一项重大举措。

2014年7月，《关于进一步推进户籍制度改革的意见》印发；

★ 2021 年 11 月 20 日，南昌市西湖区系马桩街道在罗家塘 48 号市委党校宿舍院开展“幸福圆桌会”。此次圆桌会主要围绕辖区居民自治公约征集群众意见，真正让居民共同参与到社区治理当中。（新华社发　马悦摄）

2016 年 1 月，《居住证暂行条例》施行；2016 年 9 月，《推动 1 亿非户籍人口在城市落户方案》印发……

从中小城镇开始，推及全国多地，最后“攻坚”特大型中心城市；以居住证促进基本公共服务均等化，通过积分落户畅通更公平通道……户籍制度改革路径明晰，蹄疾步稳。

在党中央统一部署下，各地各部门以前所未有的力度、广度、深度推进，将顶层设计一项项落实到“最后一公里”：

城乡统一的户口登记制度全面建立，延续半个多世纪的“农转非”彻底退出历史舞台；2014 年以来，共有 1.5 亿农业转移人口进城落户，全国户籍人口城镇化率由2014年的35.93%提高到2023年的48.3%；东部地区除极少数超大特大城市，中西部地区除个别省会城市外，全面放开放宽了落户限制。

经济社会发展和民生最突出的矛盾和问题在基层，社会体制改革的发力点也在基层。

“楼道里的杂物怎样才能彻底清理干净”“现在养狗的人不少，小区里狗的粪便像地雷，得管一管”……

江苏省新沂市新安街道城关社区的“网格议事亭”里热闹非凡。居民认真地为社区管理出主意、想对策，社区工作者耐心听取建议，一件件居民生活中的“麻烦事”，在这里共同商议出解决方法。

“亭子虽然不大，但居民可以在这里说烦心事、诉揪心事、解不悦事，网格员问诊居民大小事，引导居民参与社区治理，邻里纠纷、家庭矛盾等都能在大家的努力下及时解决。”城关社区党总支书记李丽说。

小小“议事亭”，以改革的“巧劲”释放出基层治理“大能量”，成为政策宣传的“广播站”、反映社情民意的“晴雨表”、化解基层矛盾的“稳压器”。

60多年前，浙江枫桥干部群众创造了“依靠群众就地化解矛盾”的“枫桥经验”。党的十八大以来，习近平总书记就坚持和发展新时代“枫桥经验”作出一系列重要指示，推动“枫桥经验”在新时代不断创新发展。

在江西南昌，“幸福圆桌会”把话筒交给广大居民；在四川泸州，一大批“能人”“热心人”活跃在乡村社区，为群众提供调解服务；

浙江诸暨由群众组成的“红枫义警”活跃在治安防范、邻里守望、护校安园一线……通过体制机制的创新，人民群众真正成为社会治理的最广参与者、最大受益者、最终评判者。

近年来，全国群众安全感指数逐年上升，2021 年达到 98.62%；全国建成各级综治中心 58.3 万余个，基本实现了网格化服务管理全覆盖；全国信访总量明显下降，集体访总量已连续 11 年下降。

从生态保护到生育支持：让人民群众奔着更好的日子去

绿水青山，关系着生态环境质量，承载着人民群众对美好生活的向往。

湘赣交界处有条河，在江西叫萍水河，在湖南叫渌水。近年来，河水从污染严重到绿水长流，两岸群众从矛盾纠纷到合作共赢，“萍水相争”到“萍水相亲”之变何以发生？

以前，上游的江西萍乡湘东区聚集着钢铁、化工等企业，下游湖南株洲醴陵市、渌口区沿江分布着陶瓷、建材等产业。河流污染严重影响了沿河群众的生产生活，下游群众的饮用水安全甚至一度难以保障。

转机出现在 2019 年 7 月。赣湘两省签订了《渌水流域横向生态保护补偿协议》，约定以交界处断面水质为依据，如果当月水质类别达到或优于国家考核目标Ⅲ类，由湖南补偿江西；反之，则由江西补偿湖南。

协议签订后，一场围绕萍水河治理的攻坚战全面铺开。淘汰整治高耗能企业、关停两岸养殖场、提标改造污水处理厂……在两地联手努力下，萍水河碧波清澈，沿岸的污染企业逐渐被绿色产业取代。

从河长制到横向生态补偿制度，一条条河流的变迁，折射出一项项改革的力量，是我国生态文明体制改革深入推进的生动注脚。

如今，天更蓝，我国重污染天数显著下降，2023年地级及以上城市PM2.5平均浓度为30微克/立方米；水更清，随着百万名河长、湖长上岗履职，河湖面貌实现根本性改善，地表水优良水质断面比例已接近发达国家水平；土更净，土壤环境风险得到有效管控，越来越多的绿色正在点染祖国山川大地。

2021年2月，习近平总书记主持召开中央全面深化改革委员会第十八次会议，通过《关于建立健全生态产品价值实现机制的意见》。同年9月，中办、国办印发《关于深化生态保护补偿制度改革的意见》。2024年6月1日，《生态保护补偿条例》开始施行，深化生态文明体制改革进入新阶段。

生态文明体制改革，既用最严格制度、最严密法治保护生态环境，也通过完善生态保护补偿机制等改革，激发起全社会共同呵护生态环境的内生动力。

“我们赶上了生育的好政策，生育二孩、三孩还能领补贴了！”近日，领到了18000元育儿补贴的新疆克拉玛依市克拉玛依区居民林女士高兴地告诉记者。

目前，克拉玛依区第二轮3岁以下婴幼儿育儿补助已经发放到位，共有1030个家庭收到了惠民补贴。

人口问题始终是一个全局性、战略性问题。党的十八大以来，以习近平同志为核心的党中央着眼人口发展的转折性变化，作出逐步调整完善生育政策、促进人口长期均衡发展的决策部署。2013 年、2015 年，单独两孩、全面两孩政策先后实施。

2021 年 5 月，中共中央政治局召开会议，提出进一步优化生育政策，实施一对夫妻可以生育三个子女政策及配套支持措施。同年 7 月，《中共中央　国务院关于优化生育政策促进人口长期均衡发展的决定》发布；8 月，全国人大常委会会议表决通过关于修改人口与计划生育法的决定。

对百姓反映的“生不起”“养不起”问题，决定部署了提高优生优育服务水平、发展普惠托育服务体系、降低生育养育教育成本等三大类十个方面配套支持措施，努力提供“孕得优、生得安、育得好”的健康服务。

出台 3 岁以下婴幼儿照护个人所得税专项附加扣除政策，提高计划生育家庭特别扶助标准，多地增设育儿假、延长产假……从中央到地方，一个更完善的生育支持制度体系正在逐步构建。

第七次全国人口普查数据显示，0—14 岁少儿人口占总人口比重从 2010 年的 16.60% 提高到 2020 年的 17.95%，出生人口中二孩及以上占比由政策调整前的 35% 左右提高到近年来的 55% 以上。

从养老保障到异地就医：让改革发展成果更多更公平惠及全体人民

夏日农舍，绿荫环绕，蔬果飘香。67 岁的江西省安义县台山村村民熊贵全摘下一把豆角、茄子，准备做晚饭。

“老伴有残疾，以前日子过得不容易。后来我们不仅脱了贫，政府还帮老伴代缴了 6 年基本养老保险费。现在我俩的养老金，加上她的残疾人生活补贴以及 3 亩地流转收益，每年有 6000 多元固定收入，看病也有政府补助的医保，日子越来越好了。”熊贵全说。

社会保障关乎人民最关心最直接最现实的利益问题。人民群众不分城乡、地域、性别、职业，在年老及面对疾病、失业、工伤、残疾、贫困等风险时都应有相应制度保障。

党的十八大以来，以习近平同志为核心的党中央把社会保障体系建设摆上更加突出的位置。中央政治局会议、中央政治局常委会会议、中央全面深化改革委员会会议等会议多次研究审议改革和完善基本养老保险制度总体方案、深化医疗保障制度改革意见等，推动我国社保体系建设进入快车道。

★ 2024 年 4 月 9 日，北京市大兴区庞各庄镇李家巷村政务服务站的工作人员来到大棚内为瓜农办理社保业务。（新华社记者李欣摄）

习近平总书记明确指出，要“紧盯制约社会保障体系建设的硬骨头，不断推进改革”。

2014 年，我国建立统一的城乡居民基本养老保险制度，将农村居民和城镇非就业居民纳入相同保障体系。2017 年，人力资源和社会保障部等三部门出台意见，明确地方政府为贫困人员等困难群体代缴城乡居民基本养老保险费，给 6098 万贫困人员的老年生活增添了一份可靠保障。

应对人口老龄化给养老保险制度带来的新挑战，“发展多层次、多支柱养老保险体系”被写入党的二十大报告，成为“十四五”时期我国社保制度改革的重点任务和主攻方向。

一项项改革举措相继出台，一波波改革红利不断释放。到 2023 年末，我国基本养老、基本医疗、工伤、失业保险参保人数分别达到 10.7 亿人、13.3 亿人、3.0 亿人、2.4 亿人，建立起世界规模最大社会保障体系。

医保、工伤保险以前无法跨地区报销，让一些人深感不便。现在，跨省异地就医直接结算为百姓带来更多获得感。

72 岁的黑龙江居民崔向振已连续十几年在海南过冬。“现在可以异地就医结算，像我们这样的‘候鸟人群’看病更方便，再也不用为报销奔波发愁。”崔向振说。

崔向振记得，12 年前在海南看病不能报销，只能自费；后来可以拿看病的票据回老家报销，但只限于住院，报销比例也不高；现在不管普通门诊、住院治疗，还是慢性病门诊、特殊病购药，都能直接结算报销。

国家医保局数据显示，今年一季度，全国跨省异地就医直接结算约 5128 万人次，减少参保群众垫付 421.67 亿元，较 2023 年同期分别增长 162.35%、41.91%。

随着社会流动性增强，职工工伤异地就医结算的需求不断上升。

今年 4 月 1 日起，全国各省份试点开展工伤保险跨省异地就医直接结算。工伤保险全国“一张网”、就医“一卡通”搭建完成。

当日下午，来自天津的陆女士来到北京大学人民医院通州院区住院治疗，持社保卡直接挂号就诊住院，免缴押金，出院即结算。这是北京市首例享受异地就医直接结算的外省市工伤职工。

人力资源社会保障部工伤保险司相关负责人介绍，试点地区将按照循序渐进原则，先纳入住院费用，先期以异地长期居住（工作）和异地转诊转院人员起步，优先联通异地就医集中地区。目前全国共确定试点城市 131 个，开通上线工伤医疗、工伤康复、辅助器具配置协议机构 399 家。

补短板、促公平，兜底线、织密网……一项项民生改革有力保障人民参与改革发展进程、共享改革发展成果。

坚持以人民为中心，尊重人民主体地位和首创精神，坚持人民有所呼、改革有所应，做到改革为了人民、改革依靠人民、改革成果由人民共享。

正在举行的党的二十届三中全会，对进一步全面深化改革、推进中国式现代化作出战略部署，必将在高质量发展中持续增进民生福祉，让现代化建设成果更多更公平惠及全体人民。（新华社记者齐中熙、熊丰、姜琳、王鹏、高敬、李恒）

打造“家门口的托老所”

“抬起手，拍拍腿，拍拍肩膀……”早上9时许，在青海省西宁市城西区通海路街道综合养老服务中心4楼，几位护理员精神饱满，带领十多位老人做养身操。

通海路街道综合养老服务中心面积约3000平方米，共有43张床位，其中养老护理型床位35张，日托型床位8张，现已入住29人，其中80%是失能、半失能老人。

记者看到，通海路街道综合养老服务中心多为三人间，均完成适老化改造，房间宽敞明亮，整洁温馨。房间内有独立卫浴室，加装安全扶手、地面防护等设施，每张床位都在床头安装智能服务器，显示老人年龄、姓名等基本信息，有紧急呼叫、一键换药等功能。

近年来，青海省民政部门根据老年人更倾向“原居养老”的特点，探索建设、优化街道（乡镇）、城乡社区两级养老服务网络，提高养老服务的便利化和可及性，并将街道、社区作为推进养老服务体系建设的重要依托，推动养老服务资源向老年人身边、家边、周边

★ 7 月 7 日，在通海路街道综合养老服务中心，护理员带领老人做养身操。（新华社记者张子琪摄）

延伸，养老服务机构逐步由数量规模型向质量效能型发展。

“作为医养结合的综合养老服务中心，我们招聘了具备相关资质的医护人员。有慢性病或需要长期服药的老人，每天由值班护士负责配药。还与辖区部分医疗机构合作，为老人提供更全面的医疗服务。”通海路街道综合养老服务中心运营部主任喇国忠介绍，在民政部门支持下，中心侧重保障基本养老服务，融合居家养老和社区养老，主要承接失能、半失能、失智等老年群体，提供长期、短期、日托等个性化托养服务。

69 岁的景春华长年独居，今年 3 月她在家不慎滑倒，摔断了左腿。

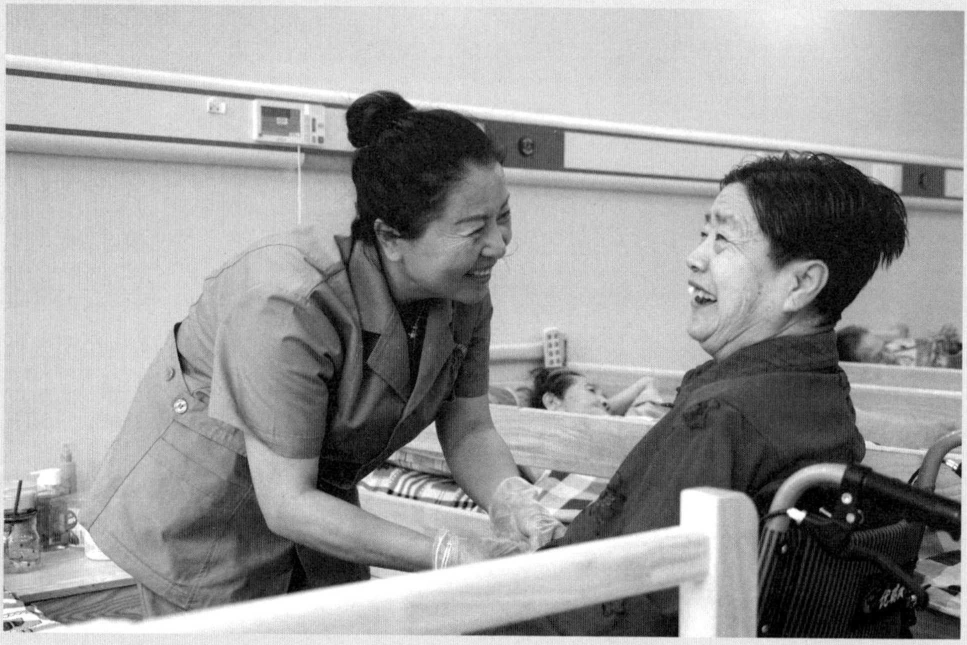

★ 7月7日，在通海路街道综合养老服务中心，护理员为景春华老人（右）穿外套。（新华社记者张子琪摄）

出院前，子女打听到家附近的这所综合养老服务中心。“住院时24小时离不开人，孩子们都有工作、有家庭，已经很不容易了……”提到受伤的经历，老人的眼圈红了。

来之前景春华也曾担忧住不习惯、照顾不周。在护理员数月的悉心照护下，之前的顾虑早已打消。“全靠这些护理员，刚住进来的时候下不来床，饭都要人喂。现在能坐轮椅下床，也能自己吃饭了。”讲到护理员的服务，景春华脸上再次有了笑容。

青海省民政厅数据显示，截至2024年一季度，青海省60岁及以上老年人口约83万，占比约13.95%。经过多年发展，青海不断建立广覆盖、高质量、可持续的养老服务体系，目前共有各类养老机构和养老服务设施1800多个，其中养老机构225个，城市社区日间照料中心234家，农村互助幸福院1403家，养老床位数共计23470张，护理型床位占比约55%。（新华社记者张子琪）

扫码观看

《用好基层立法“金点子”》

第五章

坚持在法治轨道上深化改革

坚持在法治轨道上深化改革

——新时代全面深化改革的实践与启示述评之五

法者，治之端也。

新时代改革开放具有许多新的内涵和特点，其中很重要的一点就是制度建设分量更重。习近平总书记深刻指出，在整个改革过程中，都要高度重视运用法治思维和法治方式，发挥法治的引领和推动作用。

布局科学系统，推进蹄疾步稳。

党的十八大以来，以习近平同志为核心的党中央坚持改革和法治相统一、相促进，在法治下推进改革、在改革中完善法治，开辟“中国之治”新境界，为以中国式现代化全面推进强国建设、民族复兴伟业提供坚强保障。

在法治轨道上推进改革，推动国家治理体系和治理能力现代化，构筑“中国之治”新优势

国徽高悬，宪法庄严。

2023 年 3 月 10 日，人民大会堂大礼堂。全票当选国家主席、中央军委主席的习近平，左手抚按《中华人民共和国宪法》，右手举拳，面向近3000名全国人大代表郑重宣誓。庄严场景，印刻在亿万人民心头。

宪法，治国安邦的总章程，国家政治和社会生活的最高法律规范。实行宪法宣誓制度，是推进依宪执政、完善中国特色社会主义制度的重要举措。

40余载斗转星移。改革开放以来，我们党高度重视法治，把依法治国确定为党领导人民治理国家的基本方略。改革与法治共同推动中国特色社会主义伟大事业阔步向前。

新时代的中国，跃上新的起点，也面对新的挑战——如何在法治轨道上推进国家治理体系和治理能力现代化？如何解决法治领域突出问题，促进社会公平正义？如何回应人民群众新期待，确保党和国家长治久安？

党的十八大以来，以习近平同志为核心的党中央全面深化改革、厉行法治，面对新形势新任务，习近平总书记一锤定音："要高度重视运用法治思维和法治方式推进改革，坚持重大改革于法有据。"

旗帜鲜明，正本清源——

习近平总书记在省部级主要领导干部学习贯彻党的十八届四中全会精神全面推进依法治国专题研讨班上，鲜明指出一些人的认识误区：

"一种观点认为，改革就是要冲破法律的禁区，现在法律的条条框框妨碍和迟滞了改革，改革要上路、法律要让路。另一种观点则认为，法律就是要保持稳定性、权威性、适当的滞后性，法律很难引领改革。这两种看法都是不全面的。”

习近平总书记强调：“我们要坚持改革决策和立法决策相统一、相衔接，立法主动适应改革需要，积极发挥引导、推动、规范、保障改革的作用，做到重大改革于法有据，改革和法治同步推进，增强改革的穿透力。”

高瞻远瞩，宏阔布局——

2013 年 11 月，具有划时代意义的党的十八届三中全会在京召开，全会审议通过的《中共中央关于全面深化改革若干重大问题的决定》，设专门一个部分部署“推进法治中国建设”。

2014 年金秋十月，党的十八届四中全会把“全面推进依法治国”，第一次镌刻在党的中央全会历史坐标上。

习近平总书记在会上深刻指出：“党的十八届三中、四中全会分别把全面深化改革、全面推进依法治国作为主题并作出决定，有其紧密的内在逻辑，可以说是一个总体战略部署在时间轴上的顺序展开。全面建成小康社会、全面深化改革都离不开全面推进依法治国。”

如鸟之两翼、车之两轮。此后，全面深化改革、全面依法治国纳入“四个全面”战略布局，上升到新的高度。

系统集成，顶层设计——

习近平法治思想明确为全面依法治国的指导思想。习近平总书记亲自担任中央全面依法治国委员会主任，管宏观、谋全局，定规划、抓落实，推动法治领域改革向纵深推进，以法治之力护航全面深化改革。

2021年初，《法治中国建设规划（2020—2025年）》一亮相，就受到海内外高度关注。这份规划与《法治社会建设实施纲要（2020—2025年）》《法治政府建设实施纲要（2021—2025年）》一道，勾勒出法治国家、法治政府、法治社会一体建设的“施工表”“路线图”，构建起法治中国建设的“四梁八柱”。

筑法治之基、行法治之力、积法治之势，法治保障新时代全面深化改革的巨轮劈波斩浪，行稳致远。

在改革中完善法治，改革成效更好转化为国家治理效能，迈上“中国之治”新台阶

时值盛夏，海南自贸港机场口岸等封关运作项目建设现场一片忙碌，“压力测试”等各项封关运作准备工作井然有序。

习近平总书记在海南考察时指出，“把制度集成创新摆在突出位置”。海南自由贸易港法施行三年来，海南紧扣改革需求制定一批相关法规，为促进自由贸易港建设夯实法治基础。

处理好改革决策和立法决策的关系，把深化改革同完善立法有机结合，关系着法治进步、改革成效。

苟利于民，不必法古；苟周于事，不必循俗。采取“打包”修法、作出决定等方式，为改革顺利推进提供法律保障；修改人口与计划生育法，促进人口长期均衡发展；修改刑事诉讼法，完善监察与刑事诉讼衔接机制；修订国务院组织法，为建设人民满意的法治政府、创新政府、廉洁政府和服务型政府提供坚实法治保障；修订

人民法院组织法、人民检察院组织法，确认和巩固深化司法体制改革成果……

重大改革于法有据、及时把改革成果上升为法律制度，立法决策与改革决策相统一的路径越发清晰。

司法体制改革“动真碰硬”，守住维护社会公平正义最后一道防线。

碧波浩渺，清风拂面，乌江干流水面，宛若一幅流动的画作。曾几何时，两岸的生活垃圾等污染，一度让乌江部分江段饱受摧残，治理困境亟待破解。

面对难题，作为重大改革举措的检察机关提起公益诉讼制度，显示巨大威力。贵州省市县三级检察机关联动开展公益诉讼，有力督促行政部门和地方政府依法履职、治理污染，乌江终于碧波重现。

生态环境和资源保护、食品药品安全、英烈保护、维护妇女权益……检察公益诉讼触及范围越来越广，监督“利剑”效能在攻坚克难中不断彰显。

解决法治领域突出问题，根本途径在于改革。

司法资源如何科学合理配置？冤错案件怎样防范？“案多人少”矛盾如何化解？……

习近平总书记为改革指明方向：“坚定不移推进法治领域改革，坚决破除束缚全面推进依法治国的体制机制障碍。”

推行员额制改革，让司法力量集中到办案一线；推动司法责任制改革，“让审理者裁判、由裁判者负责”；推进以审判为中心的刑事诉讼制度改革，守住防范冤错案件底线；出台规定防止领导干部干预司法“批条子”“打招呼”；认罪认罚从宽制度、案件繁简分流等推进实施；最高人民法院巡回法庭“全覆盖”……一系列改革举措环环相扣、落地见效。

惟其艰难，才更显勇毅。“做成了想了很多年、讲了很多年但没有做成的改革”，改的是体制机制，破的是利益藩篱，顺应的是民心所向。

废除劳教制度、纠正冤错案件、改革律师制度、推进公安机关执法规范化建设……努力让人民群众在每一项法律制度、每一个执法决定、每一宗司法案件中都感受到公平正义。

在改革中完善法治，必须坚持以人民为中心。

推行立案登记制改革、破解案件“执行难”、构建多元解纷机制、推进减证便民、推动政务服务“一窗通办”、治理“奇葩证明”等一系列改革创新举措，聚焦短板弱项，直击堵点痛点。

以法为纲，崇法善治。

推行行政执法公示制度、执法全过程记录制度、重大执法决定法制审核制度，促进严格规范公正文明执法；制定重大行政决策程序暂行条例等，建立科学民主依法决策机制……法治政府建设扎实推进，依法行政焕发新气象。

从法律体系向囊括立法、执法、司法、守法各环节的法治体系全面提升，从“制”到“治”的飞跃，彰显新时代法治中国建设与全面深化改革相互促进，改革成效更好转化为国家治理效能。

发挥法治固根本稳预期利长远作用，护航改革开放行稳致远，筑牢中国式现代化法治根基

“通过！”

2023年12月29日，十四届全国人大常委会第七次会议表决通过粮食安全保障法，自2024年6月1日起施行。

粮食安全是“国之大者”。习近平总书记指出，“全方位夯实粮食安全根基”“确保中国人的饭碗牢牢端在自己手中”。

仓廪实，天下安。在一批改革成果、实践经验基础上，制定粮食安全保障法，对耕地保护利用和粮食生产、储备等各环节作出系统规定，为我国粮食安全提供“全链条”保障。

进一步全面深化改革，必须更好发挥法治固根本、稳预期、利长远的保障作用，在法治轨道上全面建设社会主义现代化国家。

加强法治保障，统筹好发展和安全，完善制度建设、巩固制度基础——

当前，世界百年未有之大变局加速演进，中华民族伟大复兴进入关键时期，战略机遇和风险挑战并存、不确定难预料因素增多。

近年来，国家安全法、粮食安全保障法、反外国制裁法、反间谍法、反恐怖主义法、网络安全法、生物安全法、数据安全法等法律制定或修改，逐步完善的中国特色国家安全法律体系，为新时代推进国家安全领域治理体系和治理能力现代化提供最基本、最稳定、最可靠的保障。

不仅要制定法律，还要监督法律正确实施，才能使制度基础越

发坚实巩固。从开展执法检查到听取报告再到专题询问，全国人大常委会“全链条”监督模式运用更加广泛，法律制度的“牙齿”充分咬合。

首次听取审议国有资产管理情况综合报告，首次听取审议国家监委有关专项工作报告，首次开展对“两高”专项工作报告的专题询问……这些“首次”，背后是全国人大常委会对监督工作的持续探索改革创新。

确保改革有序进行，以法治之力提振发展信心，稳定社会预期——

2024 年 2 月 21 日，一场民营企业家关注的座谈会——民营经济促进法立法座谈会在司法部举行，会场气氛热烈。民营企业代表和专家学者畅谈对立法的意见建议。

民营经济促进法列入全国人大常委会 2024 年度立法工作计划。以法治方式保障各种所有制经济依法平等使用生产要素、公平参与市场竞争，优化民营企业发展环境。

用法治方式提振市场信心、稳定社会预期，激发各类经营主体的内生动力和创新活力，有效推动高质量发展。

制定权力清单和责任清单，厘清政府权力边界；加强产权司法保护，让“有恒产者有恒心”；设立最高人民法院国际商事法庭，创立国际商事专家委员会制度，创新一站式国际商事纠纷多元化解决机制……

在法治轨道上推进一系列改革举措，营造更加稳定公平透明、可预期的法治化营商环境，坚定不移贯彻新发展理念，健全推动高质量发展体制机制。

增强全民法治观念，使改革在良好的法治环境中不断深化——

社会和谐稳定，是改革发展的前提。

党中央部署开展为期三年的扫黑除恶专项斗争，打掉涉黑组织数量是前 10 年总和的 1.3 倍；深入开展政法队伍教育整顿，清除积弊沉疴，政法队伍面貌焕然一新……法治权威得到彰显，为进一步在法治轨道上深化改革营造良好社会环境、提供组织保证。

法治的力量，在于人民发自内心的信仰。在法治轨道上进一步深化改革，必须厚植法治社会土壤。

2024 年 5 月，“民法典宣传月”活动在全国如火如荼开展，向广大群众普及民法典知识，提高法律素养和法治观念，让民法典走到群众身边、走进群众心里。

维护英烈尊严，鼓励见义勇为，保护正当防卫，依法惩戒“老赖”，树立规矩意识……社会主义核心价值观融入立法，法治德治相得益彰，助推社会风清气正，让改革发展更有保障。

改革开放大潮波澜壮阔，在新时代奋进激荡，向着民族复兴澎湃而去；全面依法治国步履铿锵，法治中国建设前景光明、催人奋进。

新时代新征程上，我们继续吹响法治与改革冲锋号，在改革中不断完善法治，开创法治中国建设新局面；在法治护航下全面深化改革，汇聚起改革开放和社会主义现代化建设的强大法治力量，为以中国式现代化全面推进中华民族伟大复兴提供坚强保障。（新华社记者杨维汉、王琦、刘硕、熊丰）

社会主义民主法治更加健全

——党的十八届三中全会以来政治体制改革成就综述

制度稳则国家稳，制度强则国家强。

党的十八届三中全会以来，在以习近平同志为核心的党中央坚强领导下，政治体制改革稳步推进，坚持党的领导、人民当家作主、依法治国有机统一，中国特色社会主义政治制度优越性得到更好发挥。

深入贯彻习近平总书记关于全过程人民民主重要论述，不断发展全过程人民民主，展现中国民主新气象；以习近平法治思想为指导，开创全面依法治国新局面……社会主义民主法治建设不断取得新进展、新成效，为强国建设、民族复兴伟业提供坚强的政治保障。

人民代表大会制度更加成熟定型

“这是一个了不起的制度。”

2024 年 4 月底的一天，36 个国家的驻华使节和外交官来到北京市朝阳区南磨房乡立法联络站，了解中国全国人大常委会法工委基层立法联系点工作后，发出由衷感慨。

人民代表大会制度是我国根本政治制度，是实现我国全过程人民民主的重要制度载体。党的十八大以来，以习近平同志为核心的党中央从坚持和完善党的领导、巩固中国特色社会主义制度的战略全局出发，持续推进人民代表大会制度理论和实践创新，提出一系列新理念新思想新要求。

2014 年 9 月，习近平总书记在庆祝全国人民代表大会成立 60 周年大会上指出，在新的奋斗征程上，必须充分发挥人民代表大会制度的根本政治制度作用，继续通过人民代表大会制度牢牢把国家和民族前途命运掌握在人民手中。

2021 年 10 月，中央人大工作会议在京召开，这在党的历史上、人民代表大会制度历史上都是第一次。

习近平总书记在会议上发表重要讲话，明确提出新时代加强和改进人大工作的指导思想、重大原则和主要工作，深刻回答新时代发展中国特色社会主义民主政治、坚持和完善人民代表大会制度的一系列重大理论和实践问题。

在习近平总书记指引下，人大工作开拓创新，人民代表大会制度不断发展完善，更加成熟定型——

把党的领导贯穿人大工作全过程、各方面，保证党的路线方针政策和决策部署在国家工作中得到全面贯彻和有效执行；

精简全国人代会法律案审议程序，优化全国人大常委会会议时间、程序和内容；

代表选举更加风清气正，十四届全国人大代表中一线工人、农民代表占比达到 16.69%；

……

治国凭圭臬，安邦靠准绳。

从与时俱进修改宪法到设立国家宪法日，从实行宪法宣誓制度到加强合宪性审查和备案审查工作。新时代宪法实施提升到新的高度，国家法治统一得到更好维护。

修改立法法，赋予所有设区的市地方立法权；更好发挥人大在立法工作中的主导作用，改进法律草案起草机制；拓宽公民有序参与立法的途径，全国人大常委会法工委设立45个基层立法联系点……立法体制机制不断完善，以良法促进发展、保障善治。

人大监督，是具有法定权威、代表人民的监督。近年来，全国人大常委会不断完善监督机制，丰富和探索监督形式，寓支持于监督之中，推动党中央重大决策部署贯彻落实。

首次听取审议国有资产管理情况综合报告，首次听取审议金融工作情况报告，首次听取审议国家监委有关专项工作报告……聚焦“国之大者”、动真碰硬，健全对“一府一委两院”监督制度，完善预算审查监督机制，改进执法检查的组织方式和工作机制，实现监督领域全覆盖。

人大代表，一头连着党和政府，一头连着亿万群众。习近平总书记在党的二十大报告中指出，加强人大代表工作能力建设，密切人大代表同人民群众的联系。

近年来，全国人大常委会不断加强和改进代表工作，以制度之力加强常委会同代表、代表同人民群众的联系。

全国人大常委会设立代表工作委员会；全国人大各专门委员会、常委会工作委员会基本实现联系基层代表全覆盖；邀请全国人大代表列席常委会会议，委员长、副委员长与代表面对面交流沟通……搭好“连心桥”，建好“民意窗”，支持和保障代表依法履职。

社会主义协商民主广泛多层制度化发展

打开手机，随时建言献策、交流讨论、提交提案……如今，全国政协委员移动履职平台已成为不少委员离不开的履职“助理”。

利用互联网创新协商方式，打造指尖上的协商民主，是新时代协商民主创新发展的生动写照。

商以求同，协以成事。

习近平总书记强调，在中国社会主义制度下，有事好商量，众人的事情由众人商量，找到全社会意愿和要求的最大公约数，是人民民主的真谛。

新时代新征程，社会主义协商民主广泛多层制度化发展，形成中国特色协商民主体系。协商民主形式日益丰富，民主渠道不断拓宽，民主内涵更加深厚。

在继承中发展、在守正中创新，人民政协展现新气象新面貌——

2019 年 9 月，习近平总书记在中央政协工作会议暨庆祝中国人民政治协商会议成立 70 周年大会上发表重要讲话，深刻阐述新时代人民政协工作的使命任务、总体要求、着力重点。

近年来，全国政协机构改革不断深化，组建农业和农村委员会，界别增设“环境资源界”。两次修改政协章程，适应新形势、充实新内容、作出新规范，确保协商民主有制可依、有章可循。

从创设“双周协商座谈会”到创新开展网络议政、远程协商，从专题议政性常委会会议到专题协商会，从界别协商会到专家协商会……更好发挥人民政协作为专门协商机构作用，建言资政更加建之有方、言之有理、资之有效。

全国政协建立主席会议成员牵头领衔督办重点提案的工作机制，建设具有政协特色的高水平参政议政人才库，委员履职更加扎实、提案更接地气……协商民主制度化、规范化、程序化水平不断提升。

广开言路、集思广益，充分发扬民主精神，广泛凝聚全社会共识——

习近平总书记在党的二十大报告中指出，“统筹推进政党协商、人大协商、政府协商、政协协商、人民团体协商、基层协商以及社会组织协商，健全各种制度化协商平台”。

2020 年 8 月，“十四五”规划建议起草过程中，我们党在五年规划编制史上首次开展“网络问计”。

2016 年至 2020 年开展的脱贫攻坚民主监督，是各民主党派中央首次对国家重大战略决策进行专项监督。

党中央召开或委托有关部门召开政党协商会议，就重大问题同党外人士真诚协商、听取意见；民主党派中央、无党派人士深入考察调研、提出意见建议，许多转化为国家重大决策……政党协商基本形成以相关法规为保障、以中共中央文件为主体、以配套机制为辅助的制度体系，成效更加显著。

2019 年春节前夕，习近平总书记走进“小院议事厅”，明确指出：“‘居民的事居民议，居民的事居民定’，有利于增强社区居民的归属感和主人翁意识，提高社区治理和服务的精准化、精细化水平。”

民事民提、民事民议、民事民决、民事民办、民事民评……有事好商量，是协商民主最生动的表现形式。

举行城乡社区里的村（居）民议事会、民主恳谈会、民主听证会，打造“小院议事厅”“协商议事室”“居民智囊团”等议事平台……一项项改革创新举措让人民当家作主具体地、现实地落实到国家政治生活和社会生活中，党和政府的政策和工作更顺乎民意、合乎实际，党的理论和路线方针政策贯彻得更加彻底、执行得更加有力。

法治中国建设迈出坚实步伐

“通过！”2024 年 3 月 11 日，十四届全国人大二次会议表决通过新修订的国务院组织法。

施行 40 多年的国务院组织法首次修订，对于全面建设法治政府意义重大，是新时代法治中国建设的生动缩影。

党的十八大以来，以习近平同志为核心的党中央从全局和战略高度对全面依法治国作出一系列重大决策部署。习近平总书记为全面依法治国标定航向、规划蓝图，开辟了马克思主义法治理论中国化新境界。

党的十八届三中全会作出决定，对推进法治中国建设提出明确要求。党的十八届四中全会作出决定，对全面依法治国作出顶层设计和战略部署。

2020 年 11 月，党的历史上首次召开的中央全面依法治国工作会议，将习近平法治思想明确为全面依法治国的指导思想，对当前和今后一个时期推进全面依法治国作出战略部署。

全面依法治国，是国家治理的一场深刻革命。在习近平法治思想科学指引下，我国社会主义法治建设发生历史性变革、取得历史性成就。

2018 年 8 月，习近平总书记主持召开中央全面依法治国委员会第一次会议并发表重要讲话。中央全面依法治国委员会工作正式全面启动，法治中国建设迈入系统协同推进新阶段。

党中央印发《中国共产党政法工作条例》，依法治省（市、县）委员会全面设立，各地法治建设的组织领导、统筹协调不断加强……党对全面依法治国的领导更加坚强有力，确保法治中国建设始终沿着正确方向前进。

《法治中国建设规划（2020—2025 年）》《法治政府建设实施纲要（2021—2025 年）》《法治社会建设实施纲要（2020—2025 年）》制定出台，构建起法治中国建设的“四梁八柱”，标志着新时代全面依法治国的总体格局基本形成。

法律是治国之重器，良法是善治之前提。

从编纂新中国第一部以法典命名的法律——民法典，到修改环境保护法织密生态保护法网；从修订公司法完善中国特色现代企业制度，到制定海南自由贸易港法保障改革开放重大举措……

坚持立改废释纂并举，国家立法节奏更快、质量更高。截至 2024 年 4 月底，我国现行有效法律 302 件，中国特色社会主义法律体系日臻完善。

公平正义，民之所盼。

党的十八大以来，政法战线坚持正确改革方向，敢于啃硬骨头、涉险滩、闯难关，做成了想了很多年、讲了很多年但没有做成的改革，司法公信力不断提升，对维护社会公平正义发挥了重要作用。

立案登记制改革推动“有案必立、有诉必理”，司法责任制改革实现“让审理者裁判、由裁判者负责”，呼格吉勒图案、聂树斌案等一系列重大冤错案件被依法纠正……司法改革环环相扣，公正高效权威的中国特色社会主义司法制度更加成熟完备。

矫正“谁死伤谁有理”，破解诉讼“主客场”问题，坚持和发展新时代“枫桥经验”……从群众急难愁盼问题改起，让人们有更多获得感、幸福感、安全感。

以法治之力，护航经济社会高质量发展。

制定“权力清单”“责任清单”厘清政府权力边界，着力加强产权司法保护让“有恒产者有恒心”，全面清理“奇葩证明”为群众减负……在迈向高质量发展进程中，法治的重要作用日益凸显。

“谁执法谁普法”普法责任制全面实行，农村“法律明白人”覆盖更加全面，“七五”普法顺利完成，“八五”普法走深走实……沐法治之光，树牢全民守法良好风尚。

新时代法治中国建设，已从法律体系向囊括立法、执法、司法、守法各环节的法治体系全面提升，同全面深化改革比翼双飞，推动国家治理体系和治理能力迈上新的高度。

在以习近平同志为核心的党中央坚强领导下，坚定不移走中国特色社会主义政治发展道路，不断推进社会主义民主法治建设，必将为推进中国式现代化提供有力制度保障。（新华社记者罗沙、范思翔、齐琪）

筑牢强国建设、民族复兴的制度根基

——坚持和完善人民代表大会制度述评

2024 年是全国人民代表大会成立 70 周年。在中国实行人民代表大会制度，是中国人民在人类政治制度史上的伟大创造。

从 1954 年 9 月召开的一届全国人大一次会议到即将召开的十四届全国人大二次会议，人民代表大会制度不断发展完善，更加成熟自信，为党领导人民以中国式现代化全面推进强国建设、民族复兴伟业提供根本政治制度保障。

牢牢把国家和民族前途命运掌握在人民手中

“两会要开了，有什么意见或者想法想通过我带到北京？”

初春时节，湖南省张家界市慈利县的“90 后”十四届全国人大代表宁芬芳走村串户，认真倾听乡亲们的意见和心声。作为农民代表，她对“人民当家作主”感触深刻：“人大代表来自人民，了解人民的诉求，就是要脚踏实地，多为老百姓着想，站在群众的角度考虑问题……”

人民代表大会制度，是中国人民翻身作主、掌握自己命运的必然选择，是实现我国全过程人民民主的重要制度载体。

1949 年 9 月，中华人民共和国诞生前夕，中国人民政治协商会议第一届全体会议召开。会议通过的具有临时宪法地位的《中国人民政治协商会议共同纲领》庄严宣告，新中国实行人民代表大会制度。

1954 年，一届全国人大一次会议通过的《中华人民共和国宪法》规定，中华人民共和国的一切权力属于人民。人民行使权力的机关是全国人民代表大会和地方各级人民代表大会。

行使国家立法权，为改革开放和社会主义现代化建设提供法治保障；完善选举制度，实现城乡居民“同票同权”；加大监督力度，确保各国家机关依法有效开展工作……

70 年来，人民代表大会制度显示出强大的生命力和巨大的优越性，保证人民依照法律规定，通过各种途径和形式，管理国家事务，管理经济和文化事业，管理社会事务。

习近平总书记明确指出，在新的奋斗征程上，必须充分发挥人民代表大会制度的根本政治制度作用，继续通过人民代表大会制度牢牢把国家和民族前途命运掌握在人民手中。

2021 年 10 月，中央人大工作会议在京召开，这在党的历史上、人民代表大会制度历史上都是第一次。

习近平总书记在会议上发表重要讲话，明确提出新时代加强和改进人大工作的指导思想、重大原则和主要工作，深刻回答新时代发展中国特色社会主义民主政治、坚持和完善人民代表大会制度的一系列重大理论和实践问题，标志着我们党对人民代表大会制度的规律性认识达到新的高度。

新时代新征程，人大工作紧跟党中央重大决策部署，紧贴人民美好生活需要，取得历史性成就，人民代表大会制度更加成熟——

加强党对人大工作的全面领导，保证党的路线方针政策和决策部署在国家工作中得到全面贯彻和有效执行；

设立国家宪法日，实行宪法宣誓制度，对现行宪法作出第五次修改，加强合宪性审查和备案审查工作，把宪法实施提升到新的高度；

修改全国人大组织法、全国人大议事规则、全国人大常委会议事规则，进一步完善制度提高议事质量和效率；

全国人大常委会设立代表工作委员会，以“两个联系”为抓手深化拓展代表工作，进一步提高代表工作质量；

……

制度稳则国家稳，制度强则国家强。实践充分证明，人民代表大会制度是符合中国国情和实际、体现社会主义国家性质、保证人民当家作主、保障实现中华民族伟大复兴的好制度。

为国家治理体系和治理能力现代化夯实法治根基

选举法、刑法、刑诉法、中外合资经营企业法……1979 年 7 月 1 日，新时期国家立法步入正轨的标志性时刻——五届全国人大二次会议一次通过了七部法律。

40 年光阴荏苒。2020 年 5 月 28 日，十三届全国人大三次会议表决通过《中华人民共和国民法典》。新时代我国社会主义法治建设的重大标志性成果——新中国成立以来第一部以“法典”命名的法律诞生。

法者，治之端也。人民代表大会制度是国家治理体系的重要组成部分，全国人大及其常委会行使好国家立法权，对于推进全面依法治国，推动国家治理体系和治理能力现代化意义重大。

1986 年 4 月，六届全国人大四次会议通过民法通则，结束了新中国没有系统的民事立法的历史；1997 年 3 月，八届全国人大五次会议对刑法作出全面修订，形成比较完备的刑法；2011 年，中国特色社会主义法律体系宣告形成……国家立法一步一个脚印，彰显全国人大及其常委会的使命担当。

治国凭圭臬，安邦靠准绳。党的十八大以来，全国人大及其常委会紧紧围绕党和国家中心工作推动国家立法，立法工作节奏更快、质量更高，以良法促发展、保善治的步伐铿锵有力。

从十四届全国人大常委会立法规划启动生态环境法典编纂，到加强重点领域、新兴领域、涉外领域立法护航高质量发展；从制定爱国主义教育法弘扬民族精神凝聚人民力量，到修改行政诉讼法破解“民告官”难题；从制定监察法保障监察体制改革，到制定和修改国家安全法、反外国制裁法等法律有效维护国家主权、安全、发展利益……

立善法于天下，则天下治。截至 2024 年 2 月，我国现行有效法律 300 件。中国特色社会主义法律体系日臻完善，推动法治固根本、稳预期、利长远的保障作用进一步发挥。

人民代表大会制度的重要原则和制度设计的基本要求，就是任何国家机关及其工作人员的权力都要受到制约和监督。

2023 年 10 月 22 日上午，一场特殊的“考试”在人民大会堂进行，全国人大常委会会议首次对“一府两院”同一主题的三个报告开展专题询问。面对与会人员就生态环境和资源保护领域执法司法工作提出的一连串问题，国务院、最高法、最高检相关负责人一一作答。

聚焦“国之大者”，回应“急难愁盼”。近年来，全国人大常委会坚持围绕中心、突出重点、增强实效，完善监督机制，丰富和探索监督形式，寓支持于监督之中，推动党中央重大决策部署贯彻落实。

执法检查，是保证法律得到全面有效实施的“利剑”。2023 年，十四届全国人大及其常委会依法履职的第一年，就对安全生产法、湿地保护法、种子法等 5 部法律实施情况开展执法检查，助推安全生产治理体系和治理能力现代化，保障美丽中国建设，夯实种业振兴、农业强国建设的法治基础……

守护人民“钱袋子”，全国人大常委会多次审议重点领域财政资金分配和使用情况报告，听取审议审计查出问题整改情况报告，大力推进预算联网监督工作；摸清国有资产“家底”，制定并实施加强国有资产管理监督五年工作规划，连续 6 年审议国有资产管理情况的综合报告和专题报告……

新时代人大监督的针对性、实效性进一步提升，不断推动解决制约经济社会发展的“瓶颈”问题，对于“一府一委两院”的监督助推各国家机关形成工作合力。

为中国式现代化建设汇聚智慧与力量

“女性和男性享有同样的继承权吗？”“女性面对职场性骚扰

怎么办？”……2023年底的一天，重庆市沙坪坝区石井坡街道中心湾社区的40多位居民与社区负责人、法律专家等围坐一起，探讨妇女人身财产权益等法律问题。

基层“金点子”搭上立法“直通车”。沙坪坝区人大常委会是全国人大常委会法工委基层立法联系点。截至2023年11月，联系点整理上报意见建议1548条，其中86条被已审议通过的8部国家法律采纳。

全面建成社会主义现代化强国，人民是决定性力量。人民代表大会制度之所以具有强大生命力和显著优越性，关键在于它深深植根于人民之中。

70年前，“五四宪法”起草过程中，草案交付全国人民讨论。近3个月时间，1.5亿人参加讨论，宪法起草委员会收到118万条意见……

从此之后，向社会公布法律草案公开征求意见，成为全国人大常委会在立法工作中扩大公民有序参与、提高立法质量的重要方式。

民法典历时5年的编纂过程，经历了全国人大常委会10次审议，10次向社会公开征求意见，3次组织全国人大代表研读讨论，还针对意见反映集中、争议较大的问题专门召开座谈会……

广纳民意，汇集民智，让立法理念与社会发展同步，法律条文与百姓期盼同频。十四届全国人大及其常委会履职以来，共有17件次法律草案向社会公布征求意见，收集各方面意见建议超过18万条。

2023年3月，十四届全国人大一次会议表决通过关于修改立法法的决定，将基层立法联系点制度写入法律。目前，全国人大常委会法工委在全国各地设立 45 个基层立法联系点，基层群众参与立法的渠道更加畅通，让每一部法律都满载民意、顺应民心。

一头连着党和政府，一头连着亿万群众，人大代表是听民声、聚民意的重要桥梁。

全国人大常委会不断加强和改进代表工作，支持和保障代表依法履职、充分发挥人大代表作用——

近年来，全国人大常委会出台具体措施，加强和改进代表工作；全国人大各专门委员会、常委会工作委员会基本实现联系基层代表全覆盖；邀请全国人大代表列席常委会会议，委员长、副委员长与代表面对面交流沟通……

“有基层一线的同志当人大代表，是我国人民代表大会制度的政治优势。”十四届全国人大代表中，一线工人、农民代表占比达到 16.69%，相比上届继续提高，更多来自基层的声音进入最高国家权力机关。

众智谋事必明，众力举事必成。

从全国人代会现场工作人员高效回应代表建议，到多地推行民生实事项目人大代表票决制，再到全国 20 多万个代表联络站、代表之家定期接待群众听取意见……大量生动鲜活的实践，诠释全过程人民民主的真谛，更好保障民意与国策共鸣、党心与民心相通。

70 年征程，70 载荣光。人民代表大会制度砥砺前行，必将在新时代新征程更好发挥中国特色社会主义政治制度优势，为党和国家兴旺发达、长治久安提供更加完善的制度保障。（新华社记者杨维汉、罗沙、熊丰、刘硕）

碳汇火起来　生态有“钱”景

行走在祁连山畔的甘肃省张掖市黑河林场，微风拂面，绿意盎然，放眼望去，云杉、樟子松、祁连圆柏郁郁葱葱。

满载学生的大巴，沿着波光粼粼的一汪碧水边缘，缓缓驶离。黑河林场副场长谢小龙说，这里作为全国十佳国有林场、全国森林康养试点示范基地，每年都会接纳不少学生到此研学或开展夏令营活动。

很难想象，这里曾因过度采砂采石，遍地深坑，满目疮痍。“刚来这里参与生态修复时，我心里有种说不出的酸楚。”谢小龙说，当地下定决心实施生态修复，终于让这片荒废的砂石坑变成林场。

“良好的生态环境不仅成为普惠的民生福祉，还蕴含着无穷的经济价值。”谢小龙说。原来，2021 年 9 月，张掖市 35.1 万亩林业碳汇项目减排量成功签发，实现碳汇收益 450 万元，黑河林场部分林地便在其中。张掖市也成为甘肃首个林业碳汇开发成功的市（州）。

据统计，张掖市近五年累计造林 220 多万亩，修复治理退化草原1560多万亩。在下大力气保护和修复生态的同时，当地碳汇项目也走在周边地区的前列。

2022年11月，张掖市391万亩草原碳汇项目减排量成功签发。2023年，该项目到账收益7000多万元。据介绍，张掖市成为西北地区首个林业、草原碳汇项目均开发成功的市（州）。

张掖市林业和草原局副局长苗东说，生态产品价值转化长期存在难度量、难抵押、难交易、难变现等问题，张掖市将该工作作为重点改革事项推进，充分发挥政、企优势，最终实现了突破。

西部碳汇交易资产经营管理（甘肃）有限公司（以下简称“西部碳汇公司”），近年来围绕水电站、光伏电站等项目，在张掖市开展碳减排业务。“单纯依靠政府力量肯定很难完成。”张掖市发展和改革委员会副主任史多飞说，企业拥有碳汇交易经验，而政府对生态资源底数清，数据采集能力也更强，政企联动发挥了“1+1＞2”的效果。

为此，张掖市依托当地林业科学研究院组建林草碳汇计量监测中心，在当地布设1000多个林草碳汇监测样方，通过试验分析采集基础数据为碳汇项目开发打下基础。同时，张掖市与西部碳汇公司充分发挥各自比较优势，最终取得成功。

如今，依托张掖市林业及草原碳汇项目开发经验，兰州市、天水市、定西市、武威市、陇南市等地在西部碳汇公司帮助下，成功开发林业碳汇项目，实现收益近3000万元。

在张掖市生态产品展示平台上，张掖市所属县（区）的生态物质产品、生态调节服务价值量清晰展现，包含固碳释氧、防风固

★ 张掖市甘州区党寨镇马站村有机果蔬庄园内景。（新华社记者徐皓夫摄）

沙等数据情况。张掖市生态环境局环境督查专员张飞说，这是依托2021年度《张掖市生态系统生产总值（GEP）核算报告》完成的。

“开展GEP核算，能够实现生态产品‘有价化’，为生态产品价值转化提供翔实基础数据。”中国科学院西北生态环境资源研究院副研究员宋晓谕说。

得益于GEP核算成果，甘州区党寨镇马站村兆田生态农业集体经济公司前不久申请的100万元有机GEP生态价值贷款落地，也成为甘肃首笔该类贷款。“生态产品的预期收益权，类似‘大额存单’。”张掖农商银行副行长王韬说，这是生态产品价值转化为有效抵质押物的有益探索。

不仅如此，2023 年甘肃省首笔 300 万元“林业碳汇预期收益权 + 林权”质押贷款也落户张掖。张掖市还依托林业、草原碳汇收益创建甘肃首个市级绿色产业发展基金，首期规模 1.7 亿元，支持绿色产业发展。当地通过政府免费提供土地，给予企业捐资造林的碳汇权益权、冠名权等方式，先后募集资金 2300 多万元，累计营造碳汇公益林 3.6 万亩。（新华社记者李杰、徐皓夫）

扫码观看
《着眼全国“一盘棋”》

第六章

增强改革系统性整体性协同性

增强改革系统性整体性协同性

——新时代全面深化改革的实践与启示述评之六

“改革有破有立，得其法则事半功倍，不得法则事倍功半甚至产生副作用。”

党的十八大以来，以习近平同志为核心的党中央不断深化对改革规律的认识，增强改革系统性、整体性、协同性，形成改革开放以来最丰富、最全面、最系统的改革方法论，推动全面深化改革事业在攻坚克难中不断迈上新台阶、取得新胜利。

系统谋划——以科学的顶层设计，规划合理的改革路径；以明晰的统筹部署，引领扎实的改革措施

2024 年 5 月 23 日，山东济南。习近平总书记在这里主持召开企业和专家座谈会，聚焦改革开门问策：“改革要更加注重系统集成，坚持以全局观念和系统思维谋划推进，加强各项改革举措的协调配套。”

改革进入“深水区”，涉及问题之多、领域之广、矛盾之深前所未有，靠某个部门单兵突进行不通，靠几项改革举措零敲碎打更行不通，必须更加注重顶层设计和整体谋划，增强各项改革间的关联性、系统性。

党中央统揽全局、举旗定向——

我国的改革发展始终是在党的领导下进行的。确保各项改革任务不折不扣贯彻落实，首先要把思想和行动统一到党中央的决策部署上来。

党的十八届三中全会后，以习近平同志为核心的党中央成立全面深化改革领导小组，这是我们党历史上首次在党中央层面设置专司改革工作的领导机构。党的十九大之后，中央全面深化改革领导小组改为中央全面深化改革委员会，自上而下形成党领导改革工作体制机制。

习近平总书记既挂帅又出征，对改革整体布局、重大问题、关键环节等作出一系列重要论述，在实践中进一步丰富和发展了改革认识论和方法论，引领新时代改革实现由局部探索、破冰突围到系统集成、全面深化的转变。

总目标清晰明确、纲举目张——

2013 年 11 月，党的十八届三中全会通过《中共中央关于全面深化改革若干重大问题的决定》。16 个部分、60 项具体任务、336 项重大举措，全部围绕一个总目标——完善和发展中国特色社会主义制度，推进国家治理体系和治理能力现代化。

既符合改革进程本身的客观要求，也体现出对改革的认识更加深化。这份 1978 年以来历次三中全会篇幅最长的改革决定，被外媒称为“范围如此之广、内容如此具体及有抱负的改革计划”。

从以经济体制改革为主到全面深化经济、政治、文化、社会、生态文明体制和党的建设制度改革，全面深化改革紧紧围绕总目标明确战略重点、优先顺序、主攻方向、推进方式，到2020年的时间表和路线图科学有序、一目了然。

改革部署系统全面、形成合力——

迈上全新高度，步入全新境界。以习近平同志为核心的党中央统筹设计部署改革方略，为全面深化改革夯基垒台、立柱架梁。

强调“经济、政治、文化、社会、生态文明各领域改革和党的建设改革紧密联系、相互交融，任何一个领域的改革都会牵动其他领域”；将全面深化改革和全面依法治国比作鸟之两翼、车之两轮，相互贯通、协同推进；明确提出“五大发展理念”，带来我国发展方式深刻变革；聚焦全面从严治党，为全面深化改革提供根本保证；将“坚持全面深化改革”确立为新时代坚持和发展中国特色社会主义的基本方略之一……

以科学的顶层设计，规划合理的改革路径。

在形成改革布局时，按照党的十八大报告提出的“五位一体”总体布局，从架构上涵盖经济、政治、文化、社会、生态文明、党的建设等多个领域。

在推进改革进程中，将全面深化改革纳入“四个全面”战略布局，上升为事关党和国家发展全局的重大战略。

以明晰的系统谋划，引领扎实的改革措施。

一整套更加成熟更加定型的制度体系加速形成，全面深化改革沿着正确方向蹄疾步稳、一往无前。

整体推进——坚持全国一盘棋，加强改革政策统筹、进度统筹、效果统筹，发挥改革整体效应

2024 年 6 月 11 日，中央全面深化改革委员会第五次会议。

在习近平总书记主持下，会议研究通过一批重要改革文件，从完善中国特色现代企业制度，到健全种粮农民收益保障机制和粮食主产区利益补偿机制，集中力量解决高质量发展急需、群众急难愁盼的突出问题。

党的十八大以来，由中央深改组至中央深改委，这样的会议已召开 72 次。从研究问题到制定方案、从谋划设计到协调推动，全国上下构建层层传导、环环相扣的改革责任体系。

不谋全局者，不足谋一域。

关系全局的改革，特别是涉及重大制度创新的改革，要统一行动，任何时候不能放松、不能滞后。

习近平总书记多次主持会议研究党和国家机构改革，提出“转变和优化职责是关键”“先立后破、不立不破”“不仅要把‘块’切好，还要把‘条’理顺”等具体要求。

党和国家机构改革的力度规模之大、涉及范围之广、触及利益之深，让海外媒体直呼“力度空前”。

优先解决主要矛盾和矛盾的主要方面，在整体推进中实现重点突破，以重点突破带动整体跃升，是我们谋划改革、推动发展的宝贵经验。

全面深化改革的重点是经济体制改革，经济体制改革的核心问

题是处理好政府和市场的关系。牵住“牛鼻子”，就能以重点带动全局。

“我们应该在完善社会主义市场经济体制上迈出新的步伐”；

“提出使市场在资源配置中起决定性作用，是我们党对中国特色社会主义建设规律认识的一个新突破”；

“努力形成市场作用和政府作用有机统一、相互补充、相互协调、相互促进的格局”；

……

深化要素市场化配置改革，实施全国统一的市场准入负面清单制度……瞄准的是束缚市场活力的条条框框，带来的是系统性重塑、整体性重构。

全面深化改革本身就是一项系统工程，既需要强化整体推进，又需要加强点面结合。

2021年2月，习近平总书记主持召开中央深改委第十八次会议。会议指出，改革系统集成有的需要从中央层面加大统的力度、集中力量整体推进，有的需要从地方基层率先突破、率先成势，根据实际情况来推动。

海南和宁夏开展“多规合一”试点、福建三明统筹推进“三医”联动改革、浙江杭州探索建立互联网法院……习近平总书记主持审议相关改革方案、听取工作汇报，确保改革顺利推进。

中央定方案，地方蹚路子。

大胆试、大胆闯、自主改的基层探索，聚合起改革整体推进的磅礴力量。

协同发展——加强各项改革协调配套，推动各领域各方面改革举措同向发力、形成合力

“改革越深入，越要注意协同。”习近平总书记强调，促进各项改革举措在政策取向上相互配合、在实施过程中相互促进、在改革成效上相得益彰，朝着全面深化改革总目标聚焦发力。

区域协同、握指成拳——

上海本地，提供芯片、软件等组成的“大脑”；江苏常州，提供作为“心脏”的动力电池；浙江宁波，提供完成“身体”的一体化压铸机……长三角新能源汽车整车厂可在 4 小时车程内解决所需配套零部件供应。

“4 小时产业圈”是长三角推进产业协同创新的缩影，而长三角是国家推进区域协调发展的写照。

促进人口、土地、资金、技术等各类要素合理流动和高效集聚；织密织牢区域间生态保护补偿的合作网络；加快建设全国统一大市场、启动实施基本养老保险全国统筹……

党的十八大以来，习近平总书记不断丰富完善区域协调发展的新理念新思想新战略，推动我国加快形成优势互补、高质量发展的区域经济布局。

如今，960 万平方公里广袤大地上，京津冀、长三角、粤港澳大湾区高质量发展动力源作用日益增强，长江、黄河两条母亲河走上生态优先、绿色发展道路，东西部发展差距持续缩小，重要功能区关键作用更加凸显。

联动协调、合力攻坚——

杭州富阳区，有着千年造纸历史的秀美之地，一度陷入美丽和发展难两全的困境。

对造纸产业实行整体腾退，以先进制造、生物医药、网络新零售等现代产业代替传统产业，富阳依靠全面深化改革腾笼换鸟，真正把“绿水青山”变成“金山银山”。

新时代的“富春山居图”，由改革合力绘就。

《生态文明体制改革总体方案》等数十项举措相继出台；生态文明建设目标评价考核、自然资源资产离任审计、生态环境损害责任追究等举措有效实施；生态环境监测数据质量管理、河（湖）长制、禁止洋垃圾入境等环境治理制度落地生效……以协同发力破局开路，美丽中国一步步变为现实。

向协同要动力，以协同聚合力。

促进医保、医疗、医药协同发展和治理，破解教育体系割裂化难题，强化科技创新和产业创新深度融合……全面深化改革不断啃下硬骨头，打赢攻坚战。

齐心协力，惠及人民——

“要从人民的整体利益、根本利益、长远利益出发谋划和推进改革，走好新时代党的群众路线”“注重从就业、增收、入学、就医、住房、办事、托幼养老以及生命财产安全等老百姓急难愁盼中找准改革的发力点和突破口”“多推出一些民生所急、民心所向的改革举措，多办一些惠民生、暖民心、顺民意的实事”……改革为了人民、依靠人民，这是改革生生不息、蓬勃发展的根本所在。

“还老百姓蓝天白云、繁星闪烁”“努力让每个孩子都能享有公平而有质量的教育”“努力让人民群众在每一个司法案件中感受到公平正义”……让改革成果更多更公平惠及全体人民，才能最大范围地凝聚共识，最大限度地激发力量，最大限度地体现系统性、整体性、协同性。

注重系统性、整体性、协同性，是一种工作方法、也是一种战略思维，是改革成功的经验密码、也是继续前进的制胜之道。

2023 年 9 月 8 日，习近平总书记在地方考察时指出：“整合科技创新资源，引领发展战略性新兴产业和未来产业，加快形成新质生产力。”

科教兴国战略、人才强国战略、创新驱动发展战略有效联动，教育发展、科技创新、人才培养一体推进，原始创新、集成创新、开放创新一体设计，创新链、产业链、人才链一体部署……发展新质生产力,形成与之相适应的新型生产关系,全面深化改革持续推进。

历史的画卷，在砥砺前行中一路铺展；时代的华章，在接续奋斗里不断书写。

面对人民群众新期待，面对纷繁复杂的国际国内形势，面对新一轮科技革命和产业变革，坚持科学方法论，增强改革系统性、整体性、协同性，把全面深化改革作为推进中国式现代化的根本动力，我们必将共同开创高质量发展新境界，奋力谱写中国式现代化新篇章。（新华社记者吴晶、胡浩、董瑞丰、张泉、温竞华）

以科学方法论推进全面深化改革伟大实践

——新思想引领新时代改革开放述评之六

改革有破有立，得其法则事半功倍。

“改革开放是前无古人的崭新事业，必须坚持正确的方法论，在不断实践探索中推进。”

在新时代的伟大变革中，以习近平同志为核心的党中央不断深化对改革规律的认识，形成了改革开放以来最丰富、最全面、最系统的改革方法论，保证了改革在攻坚克难中不断迈上新台阶、取得新胜利。

坚持守正创新

2024 年 5 月 23 日，山东济南，习近平总书记主持召开企业和专家座谈会，深刻阐明进一步全面深化改革的方向——

“改革无论怎么改，坚持党的全面领导、坚持马克思主义、坚持中国特色社会主义道路、坚持人民民主专政等根本的东西绝对不能动摇，同时要敢于创新，把该改的、能改的改好、改到位，看准了就坚定不移抓。”

坚持守正创新——习近平总书记在这次座谈会上强调的一个关键词，是全面深化改革的鲜明特色，也是重要方法论。

守正才能不迷失方向、不犯颠覆性错误，创新才能不错失机遇、把握引领时代潮流。

党的十八大以来，以习近平同志为核心的党中央高瞻远瞩、审时度势，坚持守正创新推进全面深化改革，着力破解深层次体制机制障碍和结构性矛盾，引领改革全方位展开、向纵深挺进。

锚定目标，保持定力，坚持方向、立场不改变——

2024年6月27日，习近平总书记主持召开中共中央政治局会议，研究进一步全面深化改革、推进中国式现代化问题。

会议提出的进一步全面深化改革应贯彻的原则中，第一条即是“坚持党的全面领导”。

这一原则贯穿改革全过程：成立中央全面深化改革领导小组，后改为中央全面深化改革委员会，自上而下形成党领导改革工作的体制机制；深化党和国家机构改革，着眼于把党作为最高政治领导力量的地位和作用进一步制度化；将党的领导融入意识形态工作、国有企业治理等各类工作全过程、各方面……党总揽全局、协调各方，确保改革始终沿着正确政治方向前进。

改革改什么、怎么改？习近平总书记给出明确答案：必须以是否符合完善和发展中国特色社会主义制度、推进国家治理体系和治理能力现代化的总目标为根本尺度。“不该改的、不能改的坚决不改。”

志不改，道不变。

习近平总书记强调“无论改什么、改到哪一步，都要坚持党的领导”，明确“我们的方向就是中国特色社会主义道路，而不是其他什么道路”，指出“推进改革的目的是要不断推进我国社会主义制度自我完善和发展”，要求“要从人民的整体利益、根本利益、长远利益出发谋划和推进改革”……

一系列重要论述，有力回答了改革举什么旗、走什么路、向什么目标前进等根本性问题，推动新时代改革开放走得更稳、走得更远。

识变求变，大胆探索，创新思路、方法不止步——

四川成都彭州市，坐落着国家级民用无人驾驶航空试验基地。这里的无人机试飞测试每天多达百余架次。从曾经的最少 7 个工作日审批改为如今起飞前 1 小时报备，企业试飞效率大大提高。

改革之力助推低空经济“振翅高飞”。发展新质生产力，推动形成与之相适应的新型生产关系，是以全面深化改革推动高质量发展、推进中国式现代化的应有之义。

坚持目标导向和问题导向结合，是对改革方向原则的坚守，也是对改革方式方法的创新。

面对新形势、新问题，习近平总书记对进一步全面深化改革提出新要求：“聚焦妨碍中国式现代化顺利推进的体制机制障碍”“明确改革的战略重点、优先顺序、主攻方向、推进方式”“改革举措要有鲜明指向性，奔着解决最突出的问题去”……

面向未来，改革味要更浓、成色要更足。

着力解决制约构建新发展格局和推动高质量发展的卡点堵点问题、发展环境和民生领域的痛点难点问题、有悖社会公平正义的焦点热点问题，有效防范化解重大风险，不断为经济社会发展增动力、添活力……进一步全面深化改革更加突出问题导向、更加体现与时俱进。

知常明变者赢，守正创新者进。

从“胆子要大、步子要稳”，到“坚持人民有所呼、改革有所应”；从“破立并举、先立后破”，到“以钉钉子精神抓好改革落实”……一系列改革中蕴含的“稳”与“进”、“呼”与“应”、“立”与“破”、“谋”与“干”的辩证思维，为进一步全面深化改革的理论创新和实践创新注入强大思想力量。

注重系统集成

不久前，一张超长距离“合影”刷屏社交网络——前景是位于北京延庆的九眼楼长城，远处是位于朝阳区的北京地标建筑之一“中国尊”。在古今“相遇”的“穿越”中，不少人感慨照片“晒”出北京好“气”色。

天蓝气清之变，正是我国生态环保领域各项改革集成发力的生动注脚。

近年来，坚持山水林田湖草沙一体化保护和系统治理；出台“史上最严”环保法；完善生态产品价值实现机制和生态保护补偿机制等改革，激发起全社会共同呵护生态环境的内生动力……各项改革协同发力，带来“1+1>2”的“化学反应”，美丽中国渐行渐近。

我国改革已步入“深水区”，任务之全、内容之广、影响之深前所未有，靠某个部门单兵突进行不通，靠几项改革举措零敲碎打更行不通，必须更注重增强各项改革间的关联性、系统性。

牵住改革“牛鼻子”，统筹“主”与“次”的任务，实现整体推进——

2024 年 6 月 20 日，天津市算力交易中心正式揭牌上线。这一中心的启动，有望促进数据要素资源流通，助力京津冀算力产业协同发展。

自我国全面启动“东数西算”工程以来，全国一体化算力网加快铺开。加强各类算力资源科学布局，构建跨区域算力调度体系，完善算网安全保障体系……多部门协同发力，数据要素的全国统一大市场建设步伐提速。

全局上谋势，关键处落子。

“推进经济体制改革要从现实需要出发，从最紧迫的事情抓起，在解决实践问题中深化理论创新、推进制度创新。”习近平总书记为下一步经济体制改革指明方向。

经济体制改革牵一发而动全身，抓住处理好政府和市场关系这个核心问题，瞄准阻碍全国统一大市场建设、延缓产业升级、制约科技自立自强等方面的主要问题，改革全面发力、多点突破，不断解放和发展生产力。

以经济体制改革为牵引，政治、文化、社会、生态文明等领域改革协同推进，实现改革由局部探索、破冰突围到系统集成、全面深化的转变，人民群众的获得感、幸福感、安全感更充实。

下好全国“一盘棋”，注重“点”与“面”的结合，推动协同发展——

制造业条目清零，服务业持续扩大开放，190 条缩减至 27 条……如今，我国首个自贸试验区——上海自贸试验区外商投资准入负面清单只有薄薄两页多。

由一花独放，到百花满园。如今，全国 22 个自贸试验区形成覆盖东西南北中的“雁阵”，累计开展 3500 余项改革试点，形成一系列标志性、引领性制度创新成果。

自贸试验区大胆试、大胆闯、自主改，持续加强制度集成创新，推动更多经验在全国落地生根，成为以点带面深化改革，以开放促改革、促发展的缩影。

立足一域、着眼全局。纵观今日之中国，京津冀协同发展、粤港澳大湾区建设、长三角一体化发展、黄河流域生态保护和高质量发展……一片片改革的高地、一个个开放的前沿，不断开辟中国经济发展的广阔新空间。

善弈者谋势，善谋者致远。

广泛推进、充分衔接、相互耦合，随着各领域改革方案落地见效，改革红利日益显现，经济社会发展的动力活力更加强劲。

狠抓落实落地

全面深化改革，一分部署，九分落实。

2023 年 10 月，习近平总书记江西调研期间在南昌主持召开进一步推动长江经济带高质量发展座谈会，回顾长江经济带的发展历程时颇为感慨：“做就要做好，坚定做下去。笃行不怠，一以贯之，久久为功。”

10 多年来 30 多次到长江沿岸，围绕长江经济带发展这一主题，习近平总书记先后主持召开了 4 次座谈会。

谋长远之势、行长久之策、筑久安之基。一以贯之的关注，蕴含着一抓到底的改革智慧。

全面深化改革犹如建设一座大厦，既要绘制好蓝图，更要抓好施工落实。

“既当改革促进派、又当改革实干家”“以钉钉子精神抓好改革落实，扭住关键、精准发力，敢于啃硬骨头，盯着抓、反复抓，直到抓出成效”“要强化改革责任担当，看准了的事情，就要拿出政治勇气来，坚定不移干”……习近平总书记多次强调改革要真抓实干。

全面深化改革抓落实，既要靠闯劲拼劲，又要善作善成——

2024 年 6 月，科创板迎来开板五周年。

金融是国家核心竞争力的重要组成部分，改革已成为这一领域的关键词。从五年前设立科创板并试点注册制，到如今科创板上市公司达 570 余家，这片资本市场拥抱创新的“试验田”正不断孕育出更多科创“繁花”。

全面深化改革，不仅战略上要勇于进取，战术上更要稳扎稳打。

既要做到“改革再难也要向前推进，敢于担当，敢于啃硬骨头，敢于涉险滩”，也要确保“方向一定要准，行驶一定要稳”。

如今，面对利益增进和利益调整并存的复杂局面，进一步全面深化改革更需智慧和定力。

从加快中国特色自由贸易港建设，到持续推动外资准入负面清单“瘦身”；从推进户籍制度改革，到深化医药卫生体制改革……

科学谋划时机、方式、节奏，更多制度创新从试点探索发展到更大范围的推广复制，改革蹄疾步稳向前推进。

全面深化改革抓落实，既要靠责任担当，也离不开督察问责——

2020 年，国企改革三年行动大幕拉开；如今，新一轮国企改革深化提升行动已迎来关键之年。

建立举措清单，开展定量化督办，实行穿透式操作，确保上下贯通、全面覆盖……各方面探索形成了一套具有鲜明国企改革特点的工作机制，助力国资国企深化改革不停顿。

改革只争朝夕，落实难在方寸。

“改革推进到哪里、督察就跟进到哪里”“要加大改革抓落实力度，完善上下协同、条块结合、精准高效的改革落实机制，下更大气力抓好改革督察工作，推动改革举措落地见效”……习近平总书记强调抓好督察工作，促进各项改革往深里走、往实里落。

全面深化改革抓落实，既要靠层层传导压力，也需要不断激发动力——

建立健全改革容错纠错机制，形成允许改革有失误、但不允许不改革的鲜明导向；一些地方和单位完善考核奖惩机制，加大改革实绩权重……一系列举措全力打通改革落地“中梗阻”，有效防止了改革陷入“空转”。

改革潮涌，奋楫争先。有百折不挠的决心，更需要久久为功的耐心。

坚持正确的思想方法，坚持辩证法，把握全面深化改革的内在规律，处理好解放思想和实事求是的关系、整体推进和重点突破的关系、顶层设计和摸着石头过河的关系、胆子要大和步子要稳的关系、改革发展稳定的关系……

在以习近平同志为核心的党中央坚强领导下，向着新的奋斗目标出发，以科学方法论为指引进一步全面深化改革，中国必将创造让世界刮目相看的更大奇迹。（新华社记者于佳欣、王希、刘慧、任军）

谱写新时代生态文明建设新篇章

“必须以更高站位、更宽视野、更大力度来谋划和推进新征程生态环境保护工作，谱写新时代生态文明建设新篇章。”习近平总书记近日在全国生态环境保护大会上发表重要讲话，全面总结我国生态文明建设取得的举世瞩目的巨大成就，深入分析当前生态文明建设面临的形势，深刻阐述新征程上推进生态文明建设需要处理好的重大关系，系统部署全面推进美丽中国建设的战略任务和重大举措，为进一步加强生态环境保护、推进生态文明建设提供了方向指引和根本遵循。

党的十八大以来，以习近平同志为核心的党中央把生态文明建设作为关系中华民族永续发展的根本大计，开展了一系列开创性工作，决心之大、力度之大、成效之大前所未有，生态文明建设从理论到实践都发生了历史性、转折性、全局性变化，美丽中国建设迈出重大步伐，实现由重点整治到系统治理的重大转变、由被动应对到主动作为的重大转变、由全球环境治理参与者到引领者的重大转变、由实践探索到科学理论指导的重大转变。经过顽强努力，我国天更蓝、地更绿、水更清，万里河山更加多姿多彩。新时代生态文明建设的成就举世瞩目，成为新时代党和国家事业取得历史性成就、发生历史性变革的显著标志。

当前，我国生态环境保护结构性、根源性、趋势性压力尚未根本缓解。我国经济社会发展已进入加快绿色化、低碳化的高质量发展阶段，生态文明建设仍处于压力叠加、负重前行的关键期。今后5年是美丽中国建设的重要时期，要深入贯彻习近平生态文明思想，坚持以人民为中心，牢固树立和践行绿水青山就是金山银山的理念，把建设美丽中国摆在强国建设、民族复兴的突出位置，推动城乡人居环境明显改善、美丽中国建设取得显著成效，以高品质生态环境支撑高质量发展，加快推进人与自然和谐共生的现代化。

循道而行，功成事遂。总结新时代十年的实践经验，分析当前面临的新情况新问题，继续推进生态文明建设，必须以习近平生态文明思想为指导，正确处理高质量发展和高水平保护的关系、重点攻坚和协同治理的关系、自然恢复和人工修复的关系、外部约束和内生动力的关系、“双碳”承诺和自主行动的关系。正确处理好几个重大关系，就要站在人与自然和谐共生的高度谋划发展，坚持系统观念，抓住主要矛盾和矛盾的主要方面，不断增强各项工作的系统性、整体性、协同性，因地因时制宜、分区分类施策，始终坚持用最严格制度最严密法治保护生态环境，激发起全社会共同呵护生态环境的内生动力，坚持达到“双碳”目标的路径和方式、节奏和力度应该而且必须由我们自己做主，牢牢把握生态环境保护工作主动权，更好推进新时代生态文明建设。

久久为功，方可善作善成。全面推进美丽中国建设，要持续深入打好污染防治攻坚战，坚持精准治污、科学治污、依法治污，保持力度、延伸深度、拓展广度，深入推进蓝天、碧水、净土三大保卫战，持续改善生态环境质量。要坚持把绿色低碳发展作为解决生态环境问题的治本之策，加快形成绿色生产方式和生活方式，厚植高质量发展的绿色底色，拓宽绿水青山转化为金山银山的路径，为子孙后代留下山清水秀的生态空间。要积极稳妥推进碳达峰碳中和，构建清洁低碳安全高效的能源体系，守牢美丽中国建设安全底线，保障我们赖以生存发展的自然环境和条件不受威胁和破坏。

生态是统一的自然系统，是相互依存、紧密联系的有机链条，要从系统工程和全局角度寻求新的治理之道。全面推进美丽中国建设，要健全保障体系。要强化法治保障，完善绿色低碳发展经济政策，推动有效市场和有为政府更好结合，加强科技支撑，推进绿色低碳科技自立自强，狠抓关键核心技术攻关，培养造就一支高水平生态环境科技人才队伍，构建美丽中国数字化治理体系，建设绿色智慧的数字生态文明。统筹各领域资源，汇聚各方面力量，打好法治、市场、科技、政策“组合拳”，就能形成建设美丽中国的强大合力。

办好中国的事情，关键在党。建设美丽中国是全面建设社会主义现代化国家的重要目标，必须坚持和加强党的全面领导。让我们更加紧密地团结在以习近平同志为核心的党中央周围，以习近平新时代中国特色社会主义思想特别是习近平生态文明思想为指导，认真学习领会、深入贯彻落实习近平总书记重要讲话精神，进一步激发做好生态环境保护工作的强大动力，以高度的责任感、使命感不折不扣贯彻落实党中央决策部署，扎实推进生态文明建设，加快建设美丽中国。（新华社评论员）

身边的改革故事

国家公园，世界屋脊上的生灵乐土

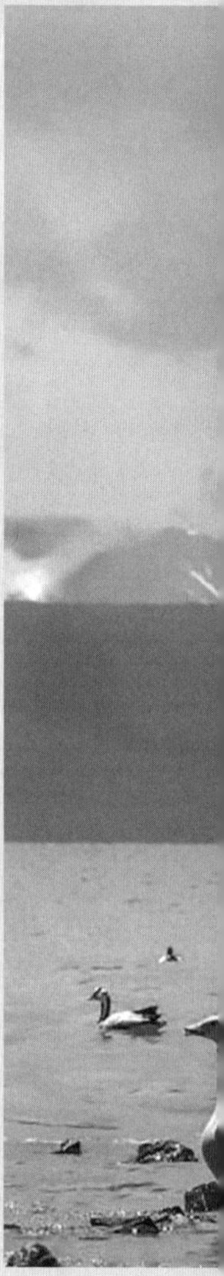

雪山之上，源头活水东流而下，滋润万物；原野之间，藏羚羊长途迁徙，繁衍生息；碧水之下，青海湖裸鲤鱼翔浅底，奋力洄游……从体制试点到正式设园，在“世界第三极”青藏高原，越来越多的“自然珍藏”被划入国家公园范围内，这里生态系统的完整性与原真性，正得到高水平保护。

牧民永塔家住青海省玉树藏族自治州杂多县昂赛乡，这里平均海拔超过 4000 米。2016 年，三江源国家公园体制试点启动，永塔的家被划入三江源国家公园澜沧江源园区。

骑着摩托车穿梭在辽阔的牧场和险峻的高山间，永塔用相机、笔记本记录家乡野生动物、草地情况的变化。他说：“国家公园内的一山一水都是我日常巡护的对象，现在生态越来越好，我们保护的信心越来越足了！”

2021 年，三江源国家公园正式设立，在生态管护岗位“一户一岗”

★ 这是5月24日在青海湖拍摄的斑头雁。（新华社发　杨涛摄）

制度的带动下，目前有17211名牧民像永塔一样，成为生态管护员。

在这些生态管护员的巡护记录中，有水草丰茂的草原，有悠闲觅食的藏野驴……生物多样性之美，以最朴素的方式被世代生活在这里的牧民记录。

根据青海省2023年12月发布的三江源国家公园正式设园成效及亮点公报，正式设园以来，三江源国家公园水源涵养量年均增幅6%以上，草地覆盖率、产草量分别提高了11%、30%以上，野生动物种群数量明显增多。

三江源的变化，是青海建设国家公园实践的一个缩影。近年来，青海积极探索构建以国家公园为主体的自然保护地体系，以加快创建国家公园示范省，推进国家公园群建设。

青海湖位于青藏高原东北部，是我国最大的内陆湖泊，也是维护青藏高原东北部生态安全和我国西北部大环境生态平衡的重要水体。

2022年，青海湖开展国家公园创建工作。生活在青海湖南岸的青海省海南藏族自治州共和县牧民南加说："从以前为了发展旅游私搭乱建，到现在为了保护生态统一行动，青海湖生态环境越来越好，水鸟增多、湿地面积增加，我们记忆中青海湖美丽的样子又回来了。"

青海湖景区保护利用管理局副局长久谢说，鱼鸟共生是近年来青海湖水域生态环境改善的重要成果之一，经过持续保护，从2002年到2023年，青海湖裸鲤的资源量增加近46倍，目前青海湖裸鲤蕴藏量恢复到12万吨。

青海省林业和草原局统计显示，目前青海分布有陆生野生动物665种，其中包括雪豹、黑颈鹤、荒漠猫、黑鹳等国家一级重点保护野生动物40种，国家一级重点保护野生植物1种，大型真菌260多种。

青海省林业和草原局主要负责人说，从出台有关森林、草原等方面的法律法规，到开展专项行动打击非法交易；从推动雪豹、藏羚羊等珍稀濒危野生动植物保护，到建设以国家公园为主体的自然保护地体系；从提高全省生物遗传资源收集保存水平，到首次将保险机制引入野生动物致害赔偿……近年来，通过一系列具体措施，青海国家公园建设日趋完善，绽放出生物多样性之美。（新华社记者王金金、李琳海）

扫码观看
《打造开放高地》

第七章

统筹推进深层次改革和高水平开放

统筹推进深层次改革和高水平开放

——新时代全面深化改革的实践与启示述评之七

党的十八大以来，神州大地上改革与开放彼此激荡、相得益彰。

“以扩大开放促进深化改革，以深化改革促进扩大开放，为经济发展注入新动力、增添新活力、拓展新空间。”习近平总书记深刻阐明改革与开放的内在统一关系。

必须坚持依靠改革开放增强发展内生动力，统筹推进深层次改革和高水平开放——这是新时代我们党做好经济工作的规律性认识之一，也是新征程上坚定不移以进一步全面深化改革书写中国式现代化新篇章的制胜之道。

“以开放促改革、促发展，是我国改革发展的成功实践”

上海东部，滴水湖畔，重大工程热火朝天，科创地标拔节生长。

2024 年 6 月 21 日，上海自由贸易试验区临港新片区对外发布了涵盖提升贸易投资环境、外籍人士服务等推进高水平开放的十项新举措。

十年前的 2014 年 5 月，习近平总书记深入上海自贸试验区考察调研，寄语这块试验田“要播下良种，精心耕作，精心管护，期待有好收成，并且把培育良种的经验推广开来”，同时提出要把扩大开放同改革体制结合起来。

自 2013 年首设上海自贸试验区至今，我国已先后设立 22 个自贸试验区。一个个开放新地标上，以制度创新为核心的改革持续深化，不断释放高质量发展活力，成为我国以高水平开放促改革、促发展的生动样板。

“以开放促改革、促发展，是我国改革发展的成功实践。”

2015 年 9 月 15 日，习近平总书记在主持召开中央全面深化改革领导小组第十六次会议时深刻指出，改革和开放相辅相成、相互促进，改革必然要求开放，开放也必然要求改革。

2024 年 5 月 15 日，我国宣布在沿海所有邮轮口岸全面实施外国旅游团乘坐邮轮入境免签政策，这是继扩大免签入境“朋友圈”后对外国人入境的又一开放政策。

不断缩减外资准入负面清单，制造业准入全面放开，服务业开放加速推进，搭建进博会、服贸会、消博会等国际经贸平台，高水平实施《区域全面经济伙伴关系协定》(RCEP)……党的十八大以来，我国实行高水平开放，统筹推进自贸试验区建设，高质量建设海南自由贸易港，全方位、多层次、宽领域的全面开放新格局加速形成。

开放也是改革，扩大开放是深化改革的重要动力。

加入世界贸易组织 20 多年来，我国以开放促改革，推进机构改革，修订法律、削减关税，关税总水平由 15.3% 降至 7.3%，以自身发展激活世界经济的一池春水。

如今，我国正在建设更高水平开放型经济新体制，在经贸领域推进规则、规制、管理、标准等与国际对接，开放与改革更深度融合。

2023 年 7 月 11 日，习近平总书记主持召开二十届中央全面深化改革委员会第二次会议时强调，建设更高水平开放型经济新体制是我们主动作为以开放促改革、促发展的战略举措。

这次会议审议通过了《关于建设更高水平开放型经济新体制促进构建新发展格局的意见》，释放出我国深化对外开放重点领域体制机制改革的积极信号。

开放，可以促改革，亦能促发展。

习近平总书记在党的二十大报告中指出：“高质量发展是全面建设社会主义现代化国家的首要任务。”推进高质量发展需要高水平对外开放与之相适应、相配合。

“当前，中国正以高水平开放促进深层次改革、推动高质量发展，改造提升传统产业，培育壮大新兴产业，布局建设未来产业，加快发展新质生产力。”2024 年 5 月，习近平主席在巴黎同法国总统马克龙共同出席中法企业家委员会第六次会议闭幕式时，如是强调高水平开放对于促进改革和发展的重要作用。

加快构建新发展格局，是实现高水平对外开放的内在要求，也是推动高质量发展的战略基点。

2024 年 5 月 25 日，随着 X8157 次中欧班列（西安—马拉舍维奇）从西安国际港站开出，中欧班列累计开行 9 万列。一列列呼啸而过的班列，让越来越多内陆腹地变成开放前沿。

第七届进博会截至年中已有来自 70 多个国家和地区的 1000 多

家企业签约；第135届广交会吸引215个国家和地区的24.6万名境外采购商线下参会；与29个国家和地区签署22个自贸协定；与150多个国家、30多个国际组织签署230多份共建“一带一路”合作文件……

高水平对外开放为构建新发展格局筑牢基础，不断开辟高质量发展新空间。

今天的中国，京津冀、长三角、粤港澳大湾区高质量发展动力源作用日益增强，长江、黄河两条母亲河走上生态优先、绿色发展的道路，中西部加快发展，东北振兴蓄势待发，边疆地区兴边富民……一个个改革开放高地，铺展出一幅幅充满生机活力的画卷。

今天的中国，稳居全球第一货物贸易大国，成为140多个国家和地区的主要贸易伙伴，经济总量从2012年53.9万亿元到2023年超过126万亿元，翻了一番多，对世界经济增长年均贡献率超过30%。

加快建设更高水平开放型经济新体制，中国必将以开放的主动赢得改革发展的主动，以更高水平开放赢得未来。

“以深化改革促进扩大开放”

海风扑面，潮平岸阔。茫茫天海间，一台台高耸的桥吊舒展长臂，精准地从岸边货轮上抓取一个个集装箱，无人驾驶卡车往来穿梭，将集装箱运往相应堆场……

1982年开工建设的山东日照港，是全球最年轻的5亿吨级港口，年货物吞吐量已跃居世界第七位。乘着山东港口一体化改革发展东风，日照港发展成为我国重要的能源和大宗原材料中转基地，通过海路与100多个国家和地区便利通航。

“你们是改革开放的排头兵。”2024年5月22日，习近平总书记来到日照港考察调研时指出，日照港是在改革开放以后建设起来的，各种综合因素聚集优化，异军突起，成为一个重要港口。

日照港的发展，正是我国以深化改革促进高水平开放的缩影。

“以深化改革促进扩大开放”，习近平总书记的重要论述，一语点明改革之于开放的重要性。

党的十八大以来，全面深化改革在重点领域和关键环节取得突破性进展，深层次改革与高水平开放协调互促，制度优势不断转化为治理效能。

以深层次改革破除体制机制障碍，营造良好的营商环境——

2019年建成上海超级工厂，成为中国首个外商独资整车制造项目；2023年超级工厂第200万辆整车下线，实现不到40秒下线一辆车；2024年5月23日，上海储能超级工厂项目正式开工……

对特斯拉而言，中国的吸引力，除了巨大的消费市场、完备的制造能力，更有开放包容的创新生态和营商环境。

这得益于全面深化改革的纵深推进。

“推进改革的目的是要不断推进我国社会主义制度自我完善和发展，赋予社会主义新的生机活力。”2013年11月12日，习近平总书记在党的十八届三中全会第二次全体会议上强调。

深层次改革推动破除对外开放的体制机制障碍，有利于塑造更高水平开放型经济新优势。

党的十八大以来，我们党把深化改革攻坚同促进制度集成结合起来，聚焦基础性和具有重大牵引作用的改革举措，推动构建高水平社会主义市场经济体制，充分发挥市场在资源配置中的决定性作用，更好发挥政府作用，产权保护、市场准入、公平竞争、社会信用等制度加快健全，不断营造市场化、法治化、国际化一流营商环境。

最新发布的《中国欧盟商会商业信心调查2024》显示，45%的受访企业认为其所处行业市场准入得到放开，较去年上升9个百分点。其中，金融服务行业受访企业对于中国市场开放最为乐观。

以深层次改革畅通经济循环，形成参与国际竞争合作新优势——

2024年4月22日，习近平总书记走进重庆国际物流枢纽园区。看着调度中心屏幕上从重庆向南跨山越海的西部陆海新通道，总书记有感而发：

“建设西部陆海新通道，对于推动形成‘陆海内外联动、东西双向互济’的对外开放格局具有重要意义。”

中国大市场的魅力，在于能发挥社会主义制度优势，以国内大循环吸引全球资源要素，以国际循环提升国内大循环效率和水平，形成参与国际竞争合作新优势，让世界共享中国发展红利。

坚持深化供给侧结构性改革和着力扩大有效需求协同发力，以培育和壮大新质生产力为抓手大力推进现代化产业体系建设，发布关于加快建设全国统一大市场的意见，出台《公平竞争审查条例》……

党的十八大以来，一系列改革举措持续攻坚，打通制约经济循环的关键“堵点”，更好联通国内与国际市场，极大提升了我国对外开放的水平和韧性，推动形成我国参与国际竞争合作的新优势。

“既扩大开放之门，又将改革之路走稳”

推进中国式现代化是一项前无古人的开创性事业，我们既面临难得的历史机遇，也面临诸多风险挑战。

发展环境越是严峻复杂，越需要统筹好深层次改革和高水平开放。

2023 年 9 月 27 日，北京中南海。二十届中共中央政治局就世界贸易组织规则与世界贸易组织改革进行第八次集体学习。

习近平总书记发表了重要讲话，指出“今年是改革开放 45 周年，要继续做好自身改革这篇大文章，既扩大开放之门，又将改革之路走稳”。

不到 3 个月后，新时代以来的第 12 次中央经济工作会议召开，明确提出“必须坚持依靠改革开放增强发展内生动力，统筹推进深层次改革和高水平开放”，释放了改革不停顿、开放不止步的鲜明信号。

当前，改革已步入深水区，冲破思想观念障碍，突破利益固化藩篱，啃掉各种“硬骨头”都需要以开放促改革、以改革促开放，形成以高质量发展推进中国式现代化的有效体制机制，更好运用制度优势应对风险挑战冲击。

锚定中国式现代化这个目标，以更大力度统筹推进深层次改革和高水平开放，需要在重点领域和关键环节上取得新突破。

开放是世界繁荣发展的必由之路，创新是引领世界发展的重要动力。

2024 年 6 月 11 日，习近平总书记主持召开二十届中央全面深化改革委员会第五次会议，审议通过了一份名为《关于建设具有全球竞争力的科技创新开放环境的若干意见》的重要文件。

“要坚持以开放促创新，健全科技对外开放体制机制，完善面向全球的创新体系，主动融入全球创新网络，突出重点领域和关键环节，补齐开放创新制度短板。”习近平总书记在会上强调。

发展新质生产力，既是改革命题，也是开放命题。

习近平总书记明确指出，“要深化经济体制、科技体制等改革，着力打通束缚新质生产力发展的堵点卡点”“要按照发展新质生产力要求，畅通教育、科技、人才的良性循环”……

更大力度统筹推进深层次改革和高水平开放，关键要把完善社会主义市场经济体制与构建开放型经济新体制有机结合起来，对内改革与对外开放互促共进，推动生产关系和生产力、上层建筑和经济基础更好相适应。

全面深化经济体制改革，完善落实“两个毫不动摇”的体制机制，充分发挥市场在资源配置中的决定性作用，更好发挥政府作用，加快构建新发展格局，构建全国统一大市场，加快形成有利于高质量发展的体制机制；

加大民生领域改革力度，深化收入分配制度改革，健全就业公共服务体系、多层次社会保障体系、分层分类的社会救助体系，健全区域协调、城乡融合发展体制机制；

更高水平扩大开放，稳步推进制度型开放，推动货物贸易优化升级，不断完善外商投资权益保护机制，推动共建“一带一路”高质量发展，积极参与全球治理体系改革和建设，统筹好发展和安全；

聚焦全局性、战略性问题谋划改革举措，协同推进科技体制、文化体制、社会体制、生态文明体制等各领域改革，全方位为中国式现代化源源不断注入新的动力……

每一轮改革总是伴随着新一轮开放，更深层次的开放总是推动着改革向纵深迈进。

新征程上，在以习近平同志为核心的党中央坚强领导下，中国以永不停滞、永不懈怠的干劲统筹好深层次改革和高水平开放，高质量发展道路必将越走越宽广，以中国式现代化新篇章为世人带来更多智慧启迪。（新华社记者韩洁、胡璐、潘洁、何宗渝、唐诗凝）

打造内陆地区改革开放高地

◇ 2020 年 9 月，中共中央总书记、国家主席、中央军委主席习近平在湖南考察时强调，着力打造国家重要先进制造业、具有核心竞争力的科技创新、内陆地区改革开放的高地，在推动高质量发展上闯出新路子，在构建新发展格局中展现新作为，在推动中部地区崛起和长江经济带发展中彰显新担当，奋力谱写新时代坚持和发展中国特色社会主义的湖南新篇章。

◇湖南以改革开放的主动赢得经济高质量发展的主动、努力赢得国际竞争的主动，打造内陆地区改革开放高地的宏伟蓝图正在照进现实。

◇通过加快建设陆海互济、四向拓展、综合立体的国际开放通道，湖南不断拉近与世界的距离，从“不东不西”的内陆腹地，迈向开放前沿。

◇ 2022 年，湖南外贸跻身千亿美元俱乐部，实际利用外资、对外投资规模均居中部地区首位。

◇湖南省于 1997 年提出长株潭一体化战略。站在新的发展起点上，谋划高质量发展，长株潭要素市场化配置综合改革应运而生。湖南希望通过制度创新进一步激发长株潭龙头带动作用，全力打造湖南高质量发展核心引擎，帮助全省深度融入中部地区崛起、长江经济带和“一带一路”建设。

◇湖南发挥作为东部沿海地区和中西部地区过渡带、长江开放经济带和沿海开放经济带接合部的区位优势，以科技创新融合劳动力、资本等传统要素做强供给侧，以消费升级、拓展新兴市场做大需求侧，从参与国际国内分工体系的宏阔视野寻找自身的位置。

◇工业和信息化部公布的45个国家先进制造业集群名单上，湖南共有长沙市新一代自主安全计算系统集群、株洲市中小航空发动机集群、长沙市工程机械集群、株洲市先进轨道交通装备集群4个产业集群在列，数量仅次于江苏、广东，与浙江并列全国第三。

◇湖南坚持“引进来”“走出去”，通过突出数字互享、产业互动、通道互联、人文互鉴，加速融入全球，更好利用国际国内两个市场、两种资源，让湖南与全球交流更加紧密，合作更加深入。

一声汽笛长鸣，陆海新通道“邵阳—怀化—东盟”首趟接续班列正式出发。这趟载有邵阳假发饰品、家电、鞋类等“湘字号”产品的列车，开往怀化国际陆港集结中转，再发往日本、老挝、印度、尼日利亚、南非等国家和地区。

从2023年9月15日开始，位于湘西南山区的邵阳，宣告结束没有国际贸易班列的历史，迈入全新的“口岸时代”。与它相邻的怀化，也早已打开山门，汇聚来自湘鄂赣等地的各种货物，从怀化国际陆港这条大通道，源源不断发往东盟国家……这是湖南近年来坚持深化改革、加快扩大开放的生动写照。

2020年9月，中共中央总书记、国家主席、中央军委主席习近平在湖南考察时强调，着力打造国家重要先进制造业、具有核心竞争力的科技创新、内陆地区改革开放的高地，在推动高质量发展上闯出新路子，在构建新发展格局中展现新作为，在推动中部地区崛起和长江经济带发展中彰显新担当，奋力谱写新时代坚持和发展中国特色社会主义的湖南新篇章。

“十四五”规划纲要提出，在巩固东部沿海地区和超大特大城市开放先导地位的同时，加快中西部和东北地区开放步伐，助推内陆地区成为开放前沿，推动沿边开发开放高质量发展，构建形成陆海内外联动、东西双向互济的开放格局。

打造内陆地区改革开放高地是习近平总书记从战略和全局高度赋予湖南的重要使命任务，是湖南融入和服务新发展格局、实现高质量发展的必然要求。牢记习近平总书记的殷殷嘱托，湖南坚持用好改革创新这把“万能钥匙”，聚焦重点领域重点环节，扎实做好自贸试验区改革创新、要素市场化改革、投融资体制改革等各项重点改革，着力破除制约高质量发展的体制机制障碍。始终高举改革开放大旗，加强口岸和国际物流通道建设，构建高能级开放平台，优化开放环境，既坚持探索符合自身特点的改革开放政策制度体系，持续推进制度型对外开放，也善于“借船出海”，积极主动对接融入国家战略，进一步密切与粤港澳大湾区、长江经济带、海南自由贸易港等的产业协作与经贸合作，更好更快“走出去”，为高质量发展注入强劲动能。

三年来，以改革的思路抓开放、以开放的视野促改革。湖南自贸试验区探索形成了 39 项全国首创制度创新成果；不沿边、不靠海的湖南进出口年均增速达 18.4%，高于全国 7.1 个百分点；国际贸易“朋友圈”扩大到 231 个国家和地区，其中湘企“出海”走进了 111 个国家和地区；实际利用外资、对外投资规模均居中部第一，对非洲进出口年均增长 31.6%，规模保持中西部第一……

湖南以改革开放的主动赢得经济高质量发展的主动、努力赢得国际竞争的主动，打造内陆地区改革开放高地的宏伟蓝图正在照进现实。

持续夯实基础　构建全方位开放格局

2023 年 10 月，艳阳高照。面朝长江，站在岳阳城陵矶港高处，可见巨大的集装箱被缓缓起吊到江海轮上，码头上货柜车穿梭，港口一派繁忙。

城陵矶是全国一类水运口岸、湖南唯一通江达海的港口。“北通巫峡，南极潇湘”，依托“黄金水道”长江，城陵矶上连西南、下抵沿海，进而联通世界。

“码头经济”兴旺折射着对外开放水平。早年间，城陵矶发展偏慢，利用外资水平较低。近年来，湖南集中优势做强城陵矶港，将其打造为全省开放的桥头堡，逐步建立水、公、铁、空多式联运。目前，城陵矶已迈入“三区一港五口岸”时代，拥有中国（湖南）自由贸易试验区岳阳片区，岳阳城陵矶综合保税区，中国（岳阳）跨境电商综合试验区，启运退税港，平行汽车、肉类、粮食、水果、木材进口指定口岸等 9 个国家级开放平台。

进出口货物实现“大进大出、快进快出”，城陵矶从内河港走向开放前沿，承东接西、贯通南北的国际物流通道体系正在形成。城陵矶新港区党工委书记李建华介绍：“2022 年，城陵矶港成为继重庆港、武汉港之后，长江中上游第三个‘百万标箱大港’，跻身‘世界内河百万标箱枢纽港口俱乐部’。”

城陵矶“进阶”，是湖南近年来不断畅通开放通道、做强开放平台、构建全方位开放格局的一个缩影。通过加快建设陆海互济、四向拓展、综合立体的国际开放通道，湖南不断拉近与世界的距离，从“不东不西”的内陆腹地，迈向开放前沿。

着力畅通开放通道。湖南不断完善基础设施、畅通开放通道，努力建设对外开放支撑平台体系。

目前，湖南已形成水陆空铁一体、“东南西北”全方位“立体出海”的国际物流网体系：东接长三角，城陵矶港拥有千吨级以上港口码头泊位 71 个、1275 公里干支航道；南连粤港澳大湾区，组建了全国第一条以对接非洲为特色的湘粤非铁海联运通道；向西加速融入西部陆海新通道，山城怀化与老挝有了“直通车”，运输时间缩短三分之二；向北，中欧班列（长沙）开行数量近年稳居全国第一方阵，满载工程机械、汽车等“湖南制造”的列车，12 天可抵达明斯克；向上瞄准航空，长沙机场联动张家界机场、常德机场等，打造空中通道，从黄花机场出发，4 小时可抵达国内外 160 个城市。

拥有国际航空货运、中欧班列、江海联运、铁海联运、东盟货运等五大国际贸易通道，构建“产业 + 园区 + 口岸 + 通道 + 市场”

五位一体格局，作为内陆地区，湖南打造出全链条综合物流解决方案。

持续升级开放平台。湖南致力于高标准建设中国（湖南）自由贸易试验区，高水平打造内陆地区会展高地，高效率推进“五好”园区建设，提升开放平台综合实力。目前已设有3个国家一类口岸，建有5个综保区、2个保税物流中心，叠加了13个进境指定商品查验场资质。随着中非经贸博览会和中非经贸深度合作先行区两大国家级对非经贸合作平台长期落户湖南，湖南打造内陆地区改革开放高地迎来更多先机。

2023年6月29日至30日，第三届中非经贸博览会在长沙举行，来自68个国家和地区的1000多名各界代表出席开幕式，参展商、展品较上届分别增长70%、165.9%，实现“9场高端论坛由国家部委主办”等5个“首次”，发布34项合作成果，推动中非经贸合作再上新台阶。

中非经贸深度合作先行区建设也在全面推进，成功打造“湘企出海+”综合服务平台、湖南企业国际化经营服务平台等外贸服务平台，推动破解非洲农产品准入问题，创建中非跨境人民币中心，加速构建全新对非物流通道，地方对非经贸合作研究中心渐入佳境。

不断优化开放环境。湖南自贸试验区在优化开放环境的制度创新上发力，以改革红利赋能高质量发展，不断吸引要素、项目、资金集聚。

2023年5月30日，海关总署下发操作指引，在全国海关实施“内河运费扣减新举措”。其源头即岳阳自贸片区首创的“内河运费不征关税”的制度创新：凡在岳阳上岸清关的转关货物，均可享受“内河运费不征关税”自贸创新政策。试点实施后，从上海到岳阳段，一个集装箱普柜大约节省费用 380 元，冻柜约节省费用 950 元，吸引了一大批来自云贵川鄂的企业到岳阳清关。

“它解决了内陆口岸内河段运费计入关税基数的普遍性问题，拉平了内河港口与沿海港口的关税成本差距，解决了内河港多年的难题。”岳阳邦盛实业有限公司副总经理朱勇科说。

湖南自贸试验区还推出“水运转关货物提前申报”“抵港直装”等制度创新，便利了粮食等大宗商品进口，每年为企业节省滞箱费、滞港费 1000 万元以上；探索“药食同源调味品通关便利化模式”，解决了小茴香、肉豆蔻等药食同源调味品通关难题，通关时间由 15 天减少至 2 天，每年为企业减少仓储费用 800 万元以上。

三年来，在这块面积仅 119.76 平方公里的改革“试验田”里，湖南培育出丰硕成果，探索形成了 39 项全国首创制度创新成果：“制造业智能化转型市场化升级新模式”等 7 项成果、做法在全国复制推广和推介；首创外籍人才来湘工作管理服务“一口受理、并联审批”，办理时间压缩三分之二；开办涉税业务、出口退税时间跑出“加速度”，比全国平均快 3 个工作日……

2022 年，湖南外贸跻身千亿美元俱乐部，实际利用外资、对外投资规模均居中部地区首位。

改革开放互相促进　激发高质量发展活力

2023 年 6 月 22 日，来自湖北武汉的 20 标箱、540 吨重的硫酸铵运抵湖南怀化国际陆港，在怀化海关监管下，货物将沿着中老铁路一路南下，最终到达老挝琅勃拉邦。这批货物的发运是湘鄂赣三省合力推动东盟班列发行的首例成功探索。

2022年12月，在长江中游三省协同推动高质量发展座谈会上，湘鄂赣三省签署了相关协议，提出利用怀化国际陆港对外通道和对接东盟品牌优势，协同三省焦柳线、沪昆线上的城市货源在怀化集并，统一国际贸易“单一窗口”用户管理和身份认证，实现用户“一次注册、三省通用”，利用机制创新，提高运输效率，降低企业运输成本。

湖南善用改革创新这把钥匙，坚持改革与开放相互促进，激发高质量发展的动力与活力。

突出抓改革开放标志性工程，构建高水平开放新格局的支点。8月底，湖南省委十二届四次全会审议通过《中共湖南省委关于锚定“三

★ 湖南省岳阳市城陵矶港“胶囊”形散货大棚（2023年4月17日摄）。（陈泽国摄/《瞭望》）

高四新”美好蓝图加快推动高质量发展的若干意见》，明确要求“把推动长株潭要素市场化配置综合改革试点作为实施改革开放高地标志性工程之一，着力破除阻碍要素自主有序流动的体制机制障碍，推进跨区域要素市场化流动”。

长株潭以占湖南全省 13.3% 的土地面积、25.7% 的人口，创造了 41.7% 的经济总量，是湖南构建高水平开放格局的支点、跳板和窗口。

湖南省于 1997 年提出长株潭一体化战略。站在新的发展起点上，谋划高质量发展，长株潭要素市场化配置综合改革应运而生。湖南希望通过制度创新进一步激发长株潭龙头带动作用，全力打造湖南高质量发展核心引擎，帮助全省深度融入中部地区崛起、长江经济带和“一带一路”建设。

湖南省提出，“十四五”期间要打破行政区划限制，通过创新规划、建设、管理和税收分成等合作机制，以产业园区为主要载体，在异地通过共建或托管等方式建设工业项目。

长沙市雨花经开区智能制造产业发展成熟，但空间受限；湘潭市韶山高新区产业配套基础好，承载能力强。两地一拍即合，在韶山市设立了长沙雨花经开区（韶山）智能制造产业园。这是长株潭一体化进程中首个“飞地园区”，也是长株潭探索产业协同发展新模式的“试验田”。如今，精密制造、轨道交通装备、机械电气设备制造等智能制造企业已在这里拔节生长。

湖南省发改委党组成员、省长株潭一体化发展事务中心主任吴小月介绍，长株潭三市除了构建错位发展、相互配套的产业发展新格局，不断优化交通互联体系，还推动125种电子证照互通互认，55项政务服务事项“跨域通办”，持续进行要素改革探索，突破行政区划藩篱，激活了更大的发展潜能。

深化营商环境重点领域改革，打造开放、包容的国际化营商环境。湖南持续破除制约高质量发展的体制机制障碍，深入推进外商投资准入负面清单管理模式和公平竞争审查制度，成为全国第一批开展外商投资企业“单一窗口、单一表格”受理新模式试点的省份，备案新设外资企业占比超过99%，企业登记普遍缩短至3—5个工作日，以营商环境重点领域的一系列改革，全力营造市场化、法治化、国际化一流营商环境，厚植有利于经营主体健康发展的沃土，吸引更多资源要素向湖南集聚。

2022年底，汇聚了5000多项政务服务和生活服务的“湘易办”超级服务端正式上线。这是湖南全力打造的全省统一的企业、群众、公务人员“掌上办事”的总入口，优化营商环境的总平台，建设数字政府的总引擎，是湖南首创的“一件事一次办”全国政务服务品牌的升级版。

结合湖南的实际，“湘易办”在企业服务专区，还推出了政策兑现、营商地图、金融服务等特色模块。通过大数据等新一代信息技术的导入，将实现惠企政策与企业信息自动匹配，能够为企业提供“开公司、办业务、找政策、提诉求、查信用、招人才、融资金、拓商机”等全生命周期的惠企服务。

营商环境的逐步优化，让越来越多的经营主体“用脚”为湖南投下“信任票”。今年上半年，湖南的经营主体增加了近42万户，同比增长 9.56%。全国工商联发布的 2022 年度“万家民营企业评营商环境”显示：2022 年，湖南综合得分排全国第 7 位，长沙市在各城市（不含直辖市）中排名第 6 位，位次均居中西部第一。

更新观念推进区域协调发展，主动对接融入国家战略。湖南发挥作为东部沿海地区和中西部地区过渡带、长江开放经济带和沿海开放经济带接合部的区位优势，以科技创新融合劳动力、资本等传统要素做强供给侧，以消费升级、拓展新兴市场做大需求侧，从参与国际国内分工体系的宏阔视野寻找自身的位置。

2023 年 8 月 20 日，湘琼合作共建产业园（首开区）在海南省东方市正式开工建设，首批 3 个项目集中开工，总投资约 17 亿元，涉及工程机械再制造等产业。这个产业园是湘琼深度合作的重点项目之一，依托湖南高端装备制造、对非经贸合作等优势特色产业，结合海南自贸港政策集成利好，拟打造为湖南开放发展的“桥头堡”和汇聚全球资源要素的“中转站”。“这里将以湖南企业和湘商企业为主体，整合导入全球资源，加快形成产业集聚效益，在工程机械再制造出口、对非新型易货贸易等方面联合集成创新，实现创新业务突破。”湖南省商务厅自贸区综合协调处处长罗专说。

通过进一步密切与粤港澳大湾区、长江经济带、海南自由贸易港等的产业协作与经贸合作，湖南“借船出海”，更好更快“走出去”，为高质量发展注入强劲动能。

“链上革命”勃发，优势产业加速走向全球。湖南着力发挥产业集群优势，推动全省优势产业、龙头企业主动走向全球，让这些优势产业成为湖南制造开拓国际市场的一张张亮丽名片。

当地时间 2023 年 9 月 6 日下午，由中车株洲电力机车研究所有限公司自主研发制造的氢能源智轨电车在马来西亚沙捞越州古晋市开启试跑，成为古晋街头一道亮丽的风景线。智轨电车造型靓丽，无须铺设钢轨和接触网，具有基础设施投资小、调度灵活、低碳环保等特点，被形象地称为“马路列车”“胶轮列车”。据了解，沙捞越州已向中国中车订购了 38 列智轨电车，此次试跑结束后，这些电车将分批次交付并投入使用，覆盖古晋市的三条线路。

湖南株洲集聚了中车株机等多家中车集团旗下子公司，轨道交通装备制造配套企业 400 多家，产业集群年产值超过 1500 亿元。仅用 10 多分钟，这里就能集齐生产一台电力机车所需的上万个部件，集结全球顶尖专家；最快只要 8 个月，这里就能研制出一列新型列车……速度的背后，是“链上革命”带来的强大产业协同力。

目前，“株洲制造”已走进马来西亚、南非、土耳其、捷克等国家，成为全球行业顶流产品，株洲成为世界最大轨道交通装备出口基地之一。

工业和信息化部公布的 45 个国家先进制造业集群名单上，湖南共有长沙市新一代自主安全计算系统集群、株洲市中小航空发动机集群、长沙市工程机械集群、株洲市先进轨道交通装备集群 4 个产业集群在列，数量仅次于江苏、广东，与浙江并列全国第三。

“我们将力推这 4 个产业集群向世界级产业集群跃升。”湖南省工信厅厅长雷绍业信心满满。

立足全球视野　开放合作迈上更高台阶

2023 年 6 月，第三届中非经贸博览会召开前夕，马达加斯加共和国农业部原秘书长拉库托松・菲利贝尔来到袁隆平院士墓前。他捧起一碗杂交水稻稻米，凝视墓碑，表达哀思与敬意："没有袁隆平老师，马达加斯加就没有杂交水稻。"

杂交水稻香飘非洲，是湖南深化对外经贸合作的一个缩影。湖南立足全球视野，做强开放主体，从容地走向世界舞台，书写了内陆与沿海沿边沿江协同开放的新篇章。

强化制度创新，更好服务全球。在国务院批准的 21 个自贸试验区中，湖南自贸试验区是唯一一个将对非经贸合作作为主要任务之一的自贸试验区。中非跨境人民币中心依托湖南自贸试验区于 2020 年成立。2022 年，中国工商银行湖南省分行中非跨境人民币中心成功办理了一笔 242 万肯尼亚先令（约合 13.7 万元人民币）的跨境汇款、先令结汇业务。这是首笔肯尼亚先令汇至中国并兑换人民币的业务。

长沙非拓信息技术有限公司（Kilimall）是这笔业务的受益方，作为第一家进入非洲互联网和电商行业、第一个在非洲实现 100% 在线支付的中国公司，该企业近年来与肯尼亚等非洲国家的资金往来日益频繁。

Kilimall 品牌总监廖峥嵘说，中非跨境人民币中心为企业提供了肯尼亚先令原币种汇回国内并结汇的适配方案，在肯尼亚先令结算人民币的汇兑及汇率风险管控上提供了便利，更好打通了中非之间资金流通的闭环。

★ 在湖南株洲芦淞机场，飞行员驾驶固定翼飞机在表演结束后返回跑道（2023 年 9 月 22 日摄）。（陈思汗摄 /《瞭望》）

目前，中非跨境人民币中心已经开通了南非、尼日利亚、加纳、肯尼亚、博茨瓦纳、赞比亚等非洲国家的对公即期结售汇业务，推动中非经贸往来持续健康发展。

“通过集成化制度创新，打造对外经贸合作的新平台，既推进了我们的开放，也服务了全球。”长沙市雨花区区长黄军其说。

密切交流互鉴，深度联通全球。2023年6月29日，马拉维共和国驻长沙总领事馆正式开馆。这是马拉维共和国在中国开设的第一家领事馆，也是非洲国家在湖南设立的首家领事机构，它是继2017年老挝驻长沙总领事馆开馆后，湖南打造内陆地区改革开放高地的又一里程碑事件，将进一步扩大湖南与马拉维在贸易、投资、农业、文化、教育和旅游等各领域交流与合作。

3年来，湖南与非洲的经贸合作增长势头强劲，成为中非经贸合作的亮点之一。“2022年，湖南对非贸易总额556.6亿元，较2021年增长42.8%，较2020年实现翻番。2023年前5个月，湖南对非洲进出口270.1亿元，较去年同期增长54.5%。”湖南省政协副主席肖百灵在第三届中非经贸博览会上介绍。

湖南与非洲国家贸易交往源远流长，双方经贸合作基础好、产业契合度高、市场互补性强。近年来，通过破解非洲农产品准入问题、打造中非跨境人民币中心、构建全新对非物流通道、成立地方对非经贸合作研究中心，湖南与非洲多数国家和地区建立了贸易往来，成为地方对非经贸合作的先行者。非洲咖啡、海鲜、辣椒、鲜花在湖南深受喜爱，湖南的农机、黑茶等也在非洲成为抢手货……

研发引领，用好两个市场两种资源。2023年9月1日，长沙市全力建设全球研发中心城市首开式举行，40个重大项目现场开工、揭牌和签约，包括世界500强企业、外资企业研发总部和研发中心，知名高校建设的新型研发机构等。

长沙建设全球研发中心城市有自身的优势和底气：有湖湘文化蕴含的“敢为人先、经世致用、求真务实、开放包容”等开拓创新精神特质；有国防科技大学、中南大学、湖南大学等58所高等院校，以及99家独立科研机构和2300多家各类创新平台提供的科教资源、智力资源支撑；有北斗规模应用、现代种业、高性能计算机等创新领域形成的产业比较优势；有长沙房价较低、教育医疗水平高、城市气质深受年轻人追捧、正在吸引大量人口净流入等独特优势。

“长沙智能制造生产企业有1200多家，为公司智能化、数字化发展提供了有力支撑。”博世（中国）投资有限公司执行副总裁徐大全看好湖南在智能生产制造方面的优势，将全球新能源研发技术中心放在了长沙。

湖南坚持“引进来”“走出去”，通过突出数字互享、产业互动、通道互联、人文互鉴，加速融入全球，更好利用国际国内两个市场、两种资源，让湖南与全球交流更加紧密，合作更加深入。

千年前，沿着海上丝绸之路，很多商业远洋帆船曾载着“长沙窑”陶瓷驶向世界。植根湖湘沃土，以改革和开放为“双轮驱动”，湖南正坚定不移继续优化全方位开放格局，以融入“一带一路”建设、服务新发展格局为引领，打造开放层次更高、制度环境更优、辐射作用更强、经济活力更充沛的内陆改革开放新高地。（《瞭望》新闻周刊记者陈俊、苏晓洲、周楠、余春生）

奋楫扬帆勇向前

——世界眼中的新时代中国改革开放

盛夏时节，世界的目光聚焦北京。党的二十届三中全会召开在即，中国的改革开放新程将启。

改革开放，是当代中国最显著特征、最壮丽气象。党的十八大以来，以习近平同志为核心的党中央在新的历史关头，以前所未有的决心和力度把改革开放推向前进，开创了以改革开放推动党和国家各项事业取得历史性成就、发生历史性变革的新局面。

新征程上，中国与世界分享机遇、彼此成就、携手同行。各国人士高度评价新时代中国改革开放的伟大成就，期待中国进一步全面深化改革、推进中国式现代化为世界带来合作共赢新机遇，为其他国家探索发展道路提供新借鉴，为创造人类文明新形态作出新贡献。

“中国是榜样，中国共产党是榜样”

路上奔驰的新能源汽车、四通八达的高速铁路网、随处可用的移动支付服务、一座又一座智慧城市……巴西公共政策学者米尔顿·波马尔近期到访中国，惊喜地看到科技创新带来的蓬勃发展。

★ 来自德国的留学生理查德在杭州西湖边一家商铺使用支付宝扫码支付（2024年4月11日摄）。（新华社发　张璇摄）

波马尔研究中国发展问题近30年，著有《社会主义中国的成功》一书。他的最新观察是，中国近年来在各领域的体制机制改革激发了科技创新能力，汇聚了经济增长动能，有效助力高质量发展。“我期待看到中国改革开放的新举措，进一步推动中国式现代化进程。”

全面深化改革是推动高质量发展、推进中国式现代化的根本动力。十余年来，中国经济总量占世界经济的比重从12.3%上升到18%左右。中国对世界经济增长的贡献率近年来一直保持在30%左右，是全球发展的重要引擎。今年以来，中国经济继续呈现回升向好态势。国际货币基金组织、世界银行等国际机构近来纷纷上调今年中国经济增速预期。

美国库恩基金会主席罗伯特·库恩表示，中国正转向重视质量胜过数量的增长模式，强调以自主创新推动经济转型，实现传统产业改造升级和未来产业加速发展。“要了解中国下一阶段的全面深入经济改革，必须从思考新质生产力入手，理解它如何融入中国经济愿景和未来的宏大背景中。”

中国式现代化，民生为大。为了人民而改革，改革才有意义；依靠人民而改革，改革才有动力。让人民过上更好的日子，是全面深化改革的逻辑起点与价值旨归。建成世界上规模最大的教育体系、社会保障体系、医疗卫生体系，个人所得税改革惠及 2.5 亿人，推进农村“厕所革命”，探索城市垃圾分类……十多年来，2000 多个改革方案涉及人民群众衣、食、住、行等各个环节，覆盖政治、经济、文化、社会、生态等各个领域。

“中国改革开放 40 多年的成就有目共睹。”日本经济学者和中清说，“特别是最近十年，从东南沿海到内陆地区，都取得了实实在在的进步。”2017 年，和中清在日本创建“感动中国 100”网站，展示中国民众的现实生活。“为了拍摄素材，我到访四川、云南、新疆等地，亲身感受到城乡贫富差距逐步缩小，民众生活和美殷实。”

改革开放，承载了中国共产党人民至上、实干兴邦、自我革命的政治气魄和历史担当。放眼世界，没有哪个国家和政党能在短时间内推动如此大范围、大规模、大力度的改革。

在南非独立传媒集团董事长伊克巴尔·瑟弗看来，中国构建以先进制造业为支撑的现代化产业体系，展现了中国共产党锐意改革的远见智慧和勇气魄力。“中国是榜样，中国共产党是榜样。”

俄罗斯科学院世界经济与国际关系研究所副所长亚历山大·洛马诺夫说，期待即将召开的中共二十届三中全会推出新的改革举措，“在中国共产党领导下，中国一定能实现现代化目标。”

“中国的改革开放是世界的发展机遇”

“我对海南自贸港政策非常感兴趣，希望借此深化两国合作，促成更多科特迪瓦产品进入中国市场。”在听讲解员介绍海南自贸港的特殊税收政策后，科特迪瓦驻华商务参赞高曼·库亚·贝尔丁捕捉到了中国开放的新机遇——科特迪瓦的腰果和可可原料进入海南可享受加工增值免关税政策。

2024 年 4 月下旬，来自 15 个国家的 25 名驻华大使、总领事和高级外交官赴海南参加“驻华使节地方行”活动。海南自贸港的建设进展和中国扩大开放的政策力度令他们印象深刻。白俄罗斯驻广州总领事安德烈·波波夫说：“我看到自贸港建设带来的经济成效，更感受到中国向世界展现出真正的开放和团结精神。”

对外开放是改革开放事业的重要组成部分，也是当代中国的鲜明标识。党的十八大以来，中国坚定推进高水平对外开放，实行更加积极主动的开放战略，提高开放型经济水平，完善对外开放体制机制。党的二十大报告提出，坚定奉行互利共赢的开放战略，不断以中国新发展为世界提供新机遇。

对于即将召开的中共二十届三中全会，法国中国问题专家、作家莱娅·贝西认为，进一步全面深化改革的中国将为包括法国在内的世界各国带来巨大机遇，对促进地区乃至全球发展繁荣起到积极作用。

如今，中国成为 140 多个国家和地区的主要贸易伙伴，货物贸易总额连续六年位居全球第一，近五年外商在华直接投资收益率约 9%，在国际上处于较高水平。

深耕中国市场多年的德国西门子公司全球执行副总裁肖松说，随着改革开放不断深化，中国市场吸引更多企业参与形成良性竞争，产品和技术快速更新。“中国已成为最具创新力的前沿市场，西门子将以更快步伐拥抱中国市场的变化。”

泰国开泰银行高级副总裁蔡伟才高度评价中国近年来持续推动金融业高水平开放，由此吸引包括开泰银行在内的许多外资机构不断加大在华投入。“一个开放的中国市场不仅能推动中国实现高质

★ 海南自贸港重点园区——洋浦经济开发区（2023 年 12 月 31 日摄，无人机全景照片）。（新华社记者蒲晓旭摄）

量发展，对世界经济复苏也有重要意义。”

通过举办进博会、服贸会、消博会等国际展会，中国为各国搭建互利共赢的合作平台，与世界分享中国发展红利。在2024年4月举行的第四届消博会上，有来自71个国家和地区的超过4000个品牌参展，超过1000件国内外新产品首发首秀。

“消博会为爱尔兰厂商提供了一个重要和直接的推广平台。”爱尔兰食品局驻华代表处主任苏礼文说，通过参展，发现中国消费者对中高端产品需求旺盛，对爱尔兰产品兴趣浓厚，中国市场潜力巨大。

在新的历史时期，中国的对外开放不仅继续“引进来”，而且更加注重“走出去”，形成更深层次更高水平的双向开放，致力于推动建设开放型世界经济，更好惠及各国人民。

共建“一带一路”正是中国高水平开放重大举措的鲜明例证。俄罗斯高等经济大学圣彼得堡分校副教授斯韦特兰娜·克里沃希表示，中国通过加强互联互通，践行包容发展理念，促进全球经济更加均衡地增长。在埃及中国问题专家、阿拉伯研究所学者哈迪尔·赛义德看来，中国通过共建“一带一路”等全球性倡议为世界各国带来更多机会和公共产品，“中国的改革开放是世界的发展机遇”。

“创造多样化的人类文明发展形态”

仲夏时节的北京大学，湖光塔影，绿树荫浓。2024年6月底，巴基斯坦博士生阿尔法·伊克巴尔与来自近20个国家的30多名毕业生一同参加了北京大学南南合作与发展学院的毕业典礼。

在中国的学习和生活让伊克巴尔深有感触：发展中国家正以更为自信的眼光看待自身发展潜力，探索适合本国国情的经济增长模式，“全球南方”国家携手合作。“这将是国际秩序重构的新趋势。”

长期以来，许多南方国家对现代化道路的理解被西方理论禁锢。如今，将西方现代化模式视为唯一成功和正确发展道路的“西方中心论”，正受到越来越多质疑。

阿根廷社会学家马塞洛·罗德里格斯说，中国全面深化改革和扩大对外开放所取得的成就表明，现代化不等于西方化。“中国有别于西方，开辟了一条以人民福祉为中心、寻求各国互利共赢的现代化道路，这是对其他探索现代化道路国家的重要鼓舞。”他表示，即将召开的中共二十届三中全会将推出进一步全面深化改革的新举措，对中国式现代化道路作出新规划，“这将为我们研究者提供新的研究范例”。

肯尼亚非洲政策研究所中非中心执行主任丹尼斯·穆内内也表示，中国改革开放所取得的成就“正激励着非洲各国在‘非洲复兴’的口号下独立探索一条可持续发展的现代化道路”。

当前，“全球南方”国家正迎来新一轮觉醒，独立自主谋发展的意识空前强烈。与此同时，“逆全球化”和保护主义思潮涌动，阵营对抗和单边主义沉渣泛起，贫富差距和南北鸿沟不断扩大。在国际上一些有识之士看来，中国在改革开放征程中的历史性成就和变革性实践对于探索人类社会前进方向、丰富人类文明形态具有重要意义。

美国哥伦比亚大学新闻学教授霍华德·弗伦奇近日在美国《外交政策》双月刊网站发表文章，提到中国改革开放以来发生的巨大变化时感慨："还有多少其他（历史）事件对如此广泛的人群产生了积极影响？"这位曾长期在华工作生活的前《纽约时报》记者在文中引用一个观点作答：改革开放开启的中国经济腾飞"是对全人类具有重要意义的事件，可以与文艺复兴、启蒙运动和工业革命相提并论，是过去一千年中最具影响力的现象之一"。

新加坡时政评论员翁德生认为，中国进一步全面深化改革、推动中国式现代化不仅为全世界提供了一条有借鉴意义的发展路径，更有助于推动形成更加公平合理的国际秩序。卢旺达国际关系和外交事务专家约瑟夫·穆塔博巴也表示，中国的发展道路"为别国提

★ 游客在安徽省黄山市黟县宏村游玩（2024 年 7 月 7 日摄）。（新华社记者杜宇摄）

供了新的借鉴，丰富了我们对人类社会发展的认识，有利于创造多样化的人类文明发展形态”。

命运与共行大道，携手同行向未来。世界期待，即将召开的党的二十届三中全会将擘画中国进一步全面深化改革开放的新蓝图，谱写中国与世界各国在现代化道路上并肩奋进的新篇章。站在改革开放新的历史起点上，中国将与各国一道，向着构建人类命运共同体的光明前程进发。（新华社记者刘品然、刘赞、朱瑞卿）

身边的改革故事

过去吃水靠人挑　现在用水网上调

“过去谁敢想今天能有这日子，坐在屋里点一点手机就能买水，打开水龙头，啥时候都有现成水。”70岁的万林科虽然听儿子讲了很多遍也没学会怎么用手机交水费、查水量，但他弄明白了一件事——过去吃水靠人挑，现在水从网上“跑”。

万林科家住宁夏固原市原州区中河乡中河村，位于宁夏南部山区。曾几何时，干旱缺水是这里的代名词，人们为了吃上一口水，靠肩挑、靠驴驮，动辄翻山越岭几十里路。老辈人用一句话形容当年的缺水生活：“讨饭的人路过，能借来十个馍，却讨不来一瓢水。”

万林科吃过的“水苦头”至今记忆犹新。“附近的小河沟里有那么一股水，大家都抢着去挑。水浅的时候只能用勺子舀出来，半勺水半勺泥，天旱了就连这股水都没了，我们就得走十几里山路甚至更远去找水。”

为了让像万林科一样的农村群众告别“水困”，宁夏坚持“北引黄河水、南调泾河水、用好当地水”，全力推进大水源、大水厂、大水网建设，形成覆盖全域、南北互济、多源互补的水源工程布局。2016年，覆盖固原市原州区、西吉县、彭阳县和中卫市海原县44个乡镇、603个行政村的宁夏中南部城乡饮水安全工程建成通水，113万西海固农村居民从此不再为水发愁。

据宁夏水利厅相关负责人介绍，目前，工艺先进、高标准建设的154处农村集中供水工程遍布全区，农村自来水普及率达到97%，规模化供水工程覆盖农村人口比例达到91%，城乡供水保障能力大幅提升。

从“喝水难”到“有水喝”，只是补齐农村供水短板的第一步。为了解决供水工程良性运行、水质全程管控等问题，宁夏自2020年启动建设“互联网＋城乡供水”示范省（区），运用云计算、大数据、水联网等现代信息技术手段，推动供水业务在线监测、自动控制、智能分析和数据集成等，实现城乡供水从源头到龙头全过程数字化“监管＋服务”。

作为宁夏“互联网＋城乡供水”项目的先行试点，固原市实施城乡供水全流程全环节数字化提升改造。如今，不仅四通八达的供水管网延伸到大山深处，还有一张“云供水”网络正覆盖到村村户户。

“从水源地、泵站、蓄水池、管网、联户表井到用水户，全程各环节设置了多个监测点，在数字化、智能化平台支撑下，城乡供水运行状态一目了然。”固原市水务局四级调研员刘天龙介绍说。

在宁夏六盘山水务有限公司的“互联网＋城乡供水”调度中心，一组组监测数据、用户信息在显示大屏上实时滚动。一旦哪个环节出现供水故障，监测点就会显现异常并报警，工作人员可据此对供

★ 位于固原市原州区开城镇的中庄水库，是宁夏中南部城乡饮水安全工程的主调节水库。（新华社记者任玮摄）

水管网进行实时调度，并通过手机 App 接收定位信息，安排人员及时抢修。

“山区地形复杂，供水管线穿山越沟，以往管道出现故障时很难快速精准确定位置。”宁夏六盘山水务有限公司副总经理倪万户说，数字化平台建成后，实时采集、传递、分析、处理供用水和生产数据，可实现多级泵站和蓄水池智能联调、水质在线监测、事故精准判断和及时处置。

与供水硬件设施的数字化提升改造同步，宁夏“互联网 + 城乡供水”管理服务平台于 2023 年 6 月正式运行，并与网上政务服务平台“我的宁夏”App对接，实现了城乡供水业务全流程在线办理、多层级管理互联互通，让“数据多跑路、群众少跑腿”。

“现在家门口的井里装着智能水表，足不出户就能从手机上交水费，每个月用多少水、交多少钱、水质好不好都能查得明明白白，出现故障也可以直接在线报修，特别方便。”万林科的儿子万义飞说。农村群众现在真正实现了“吃放心水、交明白费”。（新华社记者任玮）

附　录

中国共产党第二十届中央委员会第三次全体会议公报

（2024 年 7 月 18 日中国共产党第二十届中央委员会第三次全体会议通过）

中国共产党第二十届中央委员会第三次全体会议，于 2024 年 7 月 15 日至 18 日在北京举行。

出席这次全会的有，中央委员 199 人，候补中央委员 165 人。中央纪律检查委员会常务委员会委员和有关方面负责同志列席会议。党的二十大代表中部分基层同志和专家学者也列席了会议。

全会由中央政治局主持。中央委员会总书记习近平作了重要讲话。

全会听取和讨论了习近平受中央政治局委托所作的工作报告，审议通过了《中共中央关于进一步全面深化改革、推进中国式现代化的决定》。习近平就《决定（讨论稿）》向全会作了说明。

全会充分肯定党的二十届二中全会以来中央政治局的工作。一致认为，面对严峻复杂的国际环境和艰巨繁重的国内改革发展稳定任务，中央政治局认真落实党的二十大和二十届一中、二中全会精神，完整准确全面贯彻新发展理念，坚持稳中求进工作总基调，统筹推进“五位一体”总体布局、协调推进“四个全面”战略布局，统筹国内国际两个大局，统筹发展和安全，着力推动高质量发展，进一步推动和谋划全面深化改革，扎实推进社会主义民主法治建设，不断加强宣传思想文化工作，切实抓好民生保障和生态环境保护，坚决维护国家安全和社会稳定，有力推进国防和军队建设，继续推进港澳工作和对台工作，深入推进中国特色大国外交，一以贯之推进全面从严治党，实现经济回升向好，全面建设社会主义现代化国家迈出坚实步伐。

全会高度评价新时代以来全面深化改革的成功实践和伟大成就，研究了进一步全面深化改革、推进中国式现代化问题，认为当前和今后一个时期是以中国式现代化全面推进强国建设、民族复兴伟业的关键时期。中国式现代化是在改革开放中不断推进的，也必将在改革开放中开辟广阔前景。面对纷繁复杂的国际国内形势，面对新一轮科技革命和产业变革，面对人民群众新期待，必须自觉把改革摆在更加突出位置，紧紧围绕推进中国式现代化进一步全面深化改革。

全会强调，进一步全面深化改革，必须坚持马克思列宁主义、毛泽东思想、邓小平理论、“三个代表”重要思想、科学发展观，全面贯彻习近平新时代中国特色社会主义思想，深入学习贯彻习近平总书记关于全面深化改革的一系列新思想、新观点、新论断，完整准确全面贯彻新发展理念，坚持稳中求进工作总基调，坚持解放思想、实事求是、与时俱进、求真务实，进一步解放和发展社会生产力、激发和增强社会活力，统筹国内国际两个大局，统筹推进“五位一体”总体布局，协调推进“四个全面”战略布局，以经济体制改革为牵引，以促进社会公平正义、增进人民福祉为出发点和落脚点，更加注重系统集成，更加注重突出重点，更加注重改革实效，推动生产关系和生产力、上层建筑和经济基础、国家治理和社会发展更好相适应，为中国式现代化提供强大动力和制度保障。

全会指出，进一步全面深化改革的总目标是继续完善和发展中国特色社会主义制度，推进国家治理体系和治理能力现代化。到二〇三五年，全面建成高水平社会主义市场经济体制，中国特色社会主义制度更加完善，基本实现国家治理体系和治理能力现代化，基本实现社会主义现代化，为到本世纪中叶全面建成社会主义现代化强国奠定坚实基础。要聚焦构建高水平社会主义市场经济体制，聚焦发展全过程人民民主，聚焦建设社会主义文化强国，聚焦提高人民生活品质，聚焦建设美丽中国，聚焦建设更高水平平安中国，聚焦提高党的领导水平和长期执政能力，继续把改革推向前进。到二〇二九年中华人民共和国成立八十周年时，完成本决定提出的改革任务。

全会强调，进一步全面深化改革要总结和运用改革开放以来特别是新时代全面深化改革的宝贵经验，贯彻坚持党的全面领导、坚持以人民为中心、坚持守正创新、坚持以制度建设为主线、坚持全面依法治国、坚持系统观念等原则。

全会对进一步全面深化改革做出系统部署，强调构建高水平社会主义市场经济体制，健全推动经济高质量发展体制机制，构建支持全面创新体制机制，健全宏观经济治理体系，完善城乡融合发展体制机制，完善高水平对外开放体制机制，健全全过程人民民主制度体系，完善中国特色社会主义法治体系，深化文化体制机制改革，健全保障和改善民生制度体系，深化生态文明体制改革，推进国家安全体系和能力现代化，持续深化国防和军队改革，提高党对进一步全面深化改革、推进中国式现代化的领导水平。

全会提出，高水平社会主义市场经济体制是中国式现代化的重要保障。必须更好发挥市场机制作用，创造更加公平、更有活力的市场环境，实现资源配置效率最优化和效益最大化，既“放得活”又“管得住”，更好维护市场秩序、弥补市场失灵，畅通国民经济循环，激发全社会内生动力和创新活力。要毫不动摇巩固和发展公有制经济，毫不动摇鼓励、支持、引导非公有制经济发展，保证各种所有制经济依法平等使用生产要素、公平参与市场竞争、同等受到法律保护，促进各种所有制经济优势互补、共同发展。要构建全国统一大市场，完善市场经济基础制度。

全会提出，高质量发展是全面建设社会主义现代化国家的首要任务。必须以新发展理念引领改革，立足新发展阶段，深化供给侧结构性改革，完善推动高质量发展激励约束机制，塑造发展新动能新优势。要健全因地制宜发展新质生产力体制机制，健全促进实体经济和数字经济深度融合制度，完善发展服务业体制机制，健全现代化基础设施建设体制机制，健全提升产业链供应链韧性和安全水平制度。

全会提出，教育、科技、人才是中国式现代化的基础性、战略性支撑。必须深入实施科教兴国战略、人才强国战略、创新驱动发展战略，统筹推进教育科技人才体制机制一体改革，健全新型举国体制，提升国家创新体系整体效能。要深化教育综合改革，深化科技体制改革，深化人才发展体制机制改革。

全会提出，科学的宏观调控、有效的政府治理是发挥社会主义市场经济体制优势的内在要求。必须完善宏观调控制度体系，统筹推进财税、金融等重点领域改革，增强宏观政策取向一致性。要完善国家战略规划体系和政策统筹协调机制，深化财税体制改革，深化金融体制改革，完善实施区域协调发展战略机制。

全会提出，城乡融合发展是中国式现代化的必然要求。必须统筹新型工业化、新型城镇化和乡村全面振兴，全面提高城乡规划、建设、治理融合水平，促进城乡要素平等交换、双向流动，缩小城乡差别，促进城乡共同繁荣发展。要健全推进新型城镇化体制机制，巩固和完善农村基本经营制度，完善强农惠农富农支持制度，深化土地制度改革。

全会提出，开放是中国式现代化的鲜明标识。必须坚持对外开放基本国策，坚持以开放促改革，依托我国超大规模市场优势，在扩大国际合作中提升开放能力，建设更高水平开放型经济新体制。要稳步扩大制度型开放，深化外贸体制改革，深化外商投资和对外投资管理体制改革，优化区域开放布局，完善推进高质量共建“一带一路”机制。

全会提出，发展全过程人民民主是中国式现代化的本质要求。必须坚定不移走中国特色社会主义政治发展道路，坚持和完善我国根本政治制度、基本政治制度、重要政治制度，丰富各层级民主形式，把人民当家作主具体、现实体现到国家政治生活和社会生活各方面。要加强人民当家作主制度建设，健全协商民主机制，健全基层民主制度，完善大统战工作格局。

全会提出，法治是中国式现代化的重要保障。必须全面贯彻实施宪法，维护宪法权威，协同推进立法、执法、司法、守法各环节改革，健全法律面前人人平等保障机制，弘扬社会主义法治精神，维护社会公平正义，全面推进国家各方面工作法治化。要深化立法领域改革，深入推进依法行政，健全公正执法司法体制机制，完善推进法治社会建设机制，加强涉外法治建设。

全会提出，中国式现代化是物质文明和精神文明相协调的现代化。必须增强文化自信，发展社会主义先进文化，弘扬革命文化，传承中华优秀传统文化，加快适应信息技术迅猛发展新形势，培育形成规模宏大的优秀文化人才队伍，激发全民族文化创新创造活力。要完善意识形态工作责任制，优化文化服务和文化产品供给机制，健全网络综合治理体系，构建更有效力的国际传播体系。

全会提出，在发展中保障和改善民生是中国式现代化的重大任务。必须坚持尽力而为、量力而行，完善基本公共服务制度体系，加强普惠性、基础性、兜底性民生建设，解决好人民最关心最直接最现实的利益问题，不断满足人民对美好生活的向往。要完善收入分配制度，完善就业优先政策，健全社会保障体系，深化医药卫生体制改革，健全人口发展支持和服务体系。

全会提出，中国式现代化是人与自然和谐共生的现代化。必须完善生态文明制度体系，协同推进降碳、减污、扩绿、增长，积极应对气候变化，加快完善落实绿水青山就是金山银山理念的体制机制。要完善生态文明基础体制，健全生态环境治理体系，健全绿色低碳发展机制。

全会提出，国家安全是中国式现代化行稳致远的重要基础。必须全面贯彻总体国家安全观，完善维护国家安全体制机制，实现高质量发展和高水平安全良性互动，切实保障国家长治久安。要健全国家安全体系，完善公共安全治理机制，健全社会治理体系，完善涉外国家安全机制。

全会提出，国防和军队现代化是中国式现代化的重要组成部分。必须坚持党对人民军队的绝对领导，深入实施改革强军战略，为如期实现建军一百年奋斗目标、基本实现国防和军队现代化提供有力保障。要完善人民军队领导管理体制机制，深化联合作战体系改革，深化跨军地改革。

全会强调，党的领导是进一步全面深化改革、推进中国式现代化的根本保证。必须深刻领悟"两个确立"的决定性意义，增强"四个意识"、坚定"四个自信"、做到"两个维护"，保持以党的自我革命引领社会革命的高度自觉，坚持用改革精神和严的标准管党治党，完善党的自我革命制度规范体系，不断推进党的自我净化、自我完善、自我革新、自我提高，确保党始终成为中国特色社会主义事业的坚强领导核心。要坚持党中央对进一步全面深化改革的集中统一领导，深化党的建设制度改革，深入推进党风廉政建设和反腐败斗争，以钉钉子精神抓好改革落实。

全会强调，中国式现代化是走和平发展道路的现代化。必须坚定奉行独立自主的和平外交政策，推动构建人类命运共同体，践行全人类共同价值，落实全球发展倡议、全球安全倡议、全球文明倡议，倡导平等有序的世界多极化、普惠包容的经济全球化，深化外事工作机制改革，参与引领全球治理体系改革和建设，坚定维护国家主权、安全、发展利益。

全会指出，学习好贯彻好全会精神是当前和今后一个时期全党全国的一项重大政治任务。要深入学习领会全会精神，深刻领会和把握进一步全面深化改革的主题、重大原则、重大举措、根本保证。全党上下要齐心协力抓好《决定》贯彻落实，把进一步全面深化改革的战略部署转化为推进中国式现代化的强大力量。

全会分析了当前形势和任务，强调坚定不移实现全年经济社会发展目标。要按照党中央关于经济工作的决策部署，落实好宏观政策，积极扩大国内需求，因地制宜发展新质生产力，加快培育外贸新动能，扎实推进绿色低碳发展，切实保障和改善民生，巩固拓展脱贫攻坚成果。要总结评估“十四五”规划落实情况，切实搞好“十五五”规划前期谋划工作。

全会指出，要统筹好发展和安全，落实好防范化解房地产、地方政府债务、中小金融机构等重点领域风险的各项举措，严格落实安全生产责任，完善自然灾害特别是洪涝灾害监测、防控措施，织密社会安全风险防控网，切实维护社会稳定。要加强舆论引导，有效防范化解意识形态风险。要有效应对外部风险挑战，引领全球治理，主动塑造有利外部环境。

全会强调，要结合学习宣传贯彻全会精神，抓好党的创新理论武装，提高全党马克思主义水平和现代化建设能力。要健全全面从严治党体系，切实改进作风，克服形式主义、官僚主义顽疾，持续为基层减负，深入推进党风廉政建设和反腐败斗争，扎实做好巡视工作。要巩固拓展主题教育成果，深化党纪学习教育，维护党的团结统一，不断增强党的创造力、凝聚力、战斗力。

全会按照党章规定，决定递补中央委员会候补委员丁向群、于立军、于吉红为中央委员会委员。

全会决定，接受秦刚同志辞职申请，免去秦刚同志中央委员会委员职务。

全会审议并通过了中共中央军事委员会关于李尚福、李玉超、孙金明严重违纪违法问题的审查报告，确认中央政治局之前作出的给予李尚福、李玉超、孙金明开除党籍的处分。

全会号召，全党全军全国各族人民要更加紧密地团结在以习近平同志为核心的党中央周围，高举改革开放旗帜，凝心聚力、奋发进取，为全面建成社会主义现代化强国、实现第二个百年奋斗目标，以中国式现代化全面推进中华民族伟大复兴而努力奋斗！